JN201865

ある土地の物語

中島知久平
ヴォーリズ
レーモンドが見た幻

樺島榮一郎

Kabashima, Eiichiro

北樹出版

口絵1　国際基督教大学キャンパスの位置

国際基督教大学のキャンパスは、東京駅の西、約 22 km、三鷹市大沢 3 丁目に位置する。

口絵2　国際基督教大学とその周辺の諸施設

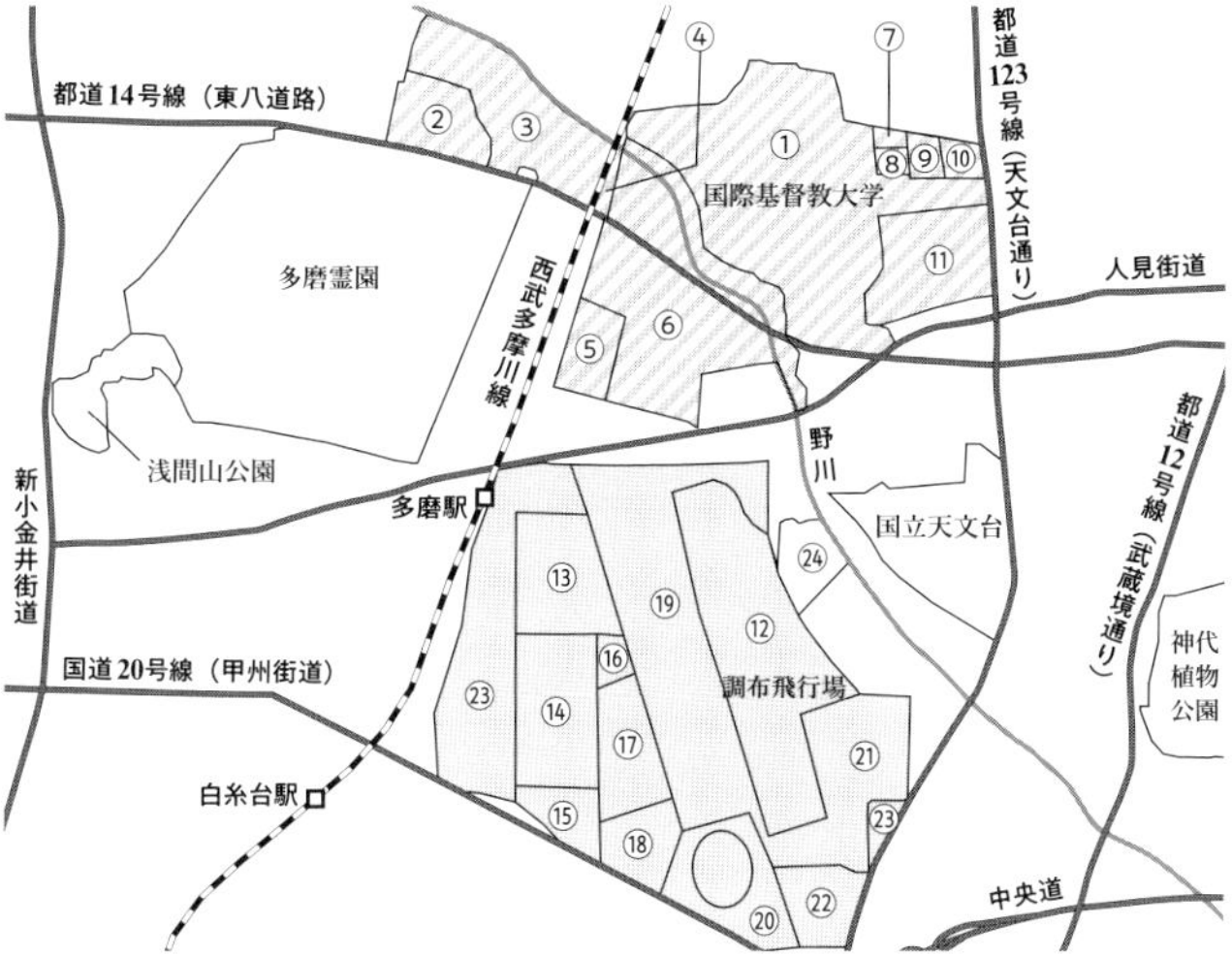

中島飛行機三鷹研究所（斜線部分）と調布飛行場（網掛け部分）は、戦後徐々に分割され、多様な施設が建設された。また多磨霊園などを含めて、東京都がグリーンベルトを構想した地域でもある。

①国際基督教大学　②府中運転免許試験場　③都立武蔵野公園　④二枚橋焼却場跡地　⑤アメリカン・スクール　⑥都立野川公園　⑦中近東文化センター　⑧東京神学大学　⑨ルーテル学院大学　⑩元 安田信託銀行グラウンド（現 住宅分譲地）　⑪SUBARU 東京事業所［＊①～⑪は元 中島飛行機三鷹研究所］　⑫調布飛行場　⑬東京外国語大学　⑭警察大学校など　⑮榊原記念病院など　⑯府中市学校給食センター　⑰府中けやきの森学園など　⑱武蔵野の森総合スポーツプラザなど　⑲都立武蔵野の森公園・調布基地跡地野外運動施設　⑳味の素スタジアム　㉑三鷹市大沢総合グラウンド　㉒調布市立西町公園など　㉓市街地［＊⑫～㉓は元 陸軍調布飛行場］　㉔JAXA 調布航空宇宙センター飛行場分室（元 東京飛行機製作所調布工場）

口絵3　キャンパス周囲の地形

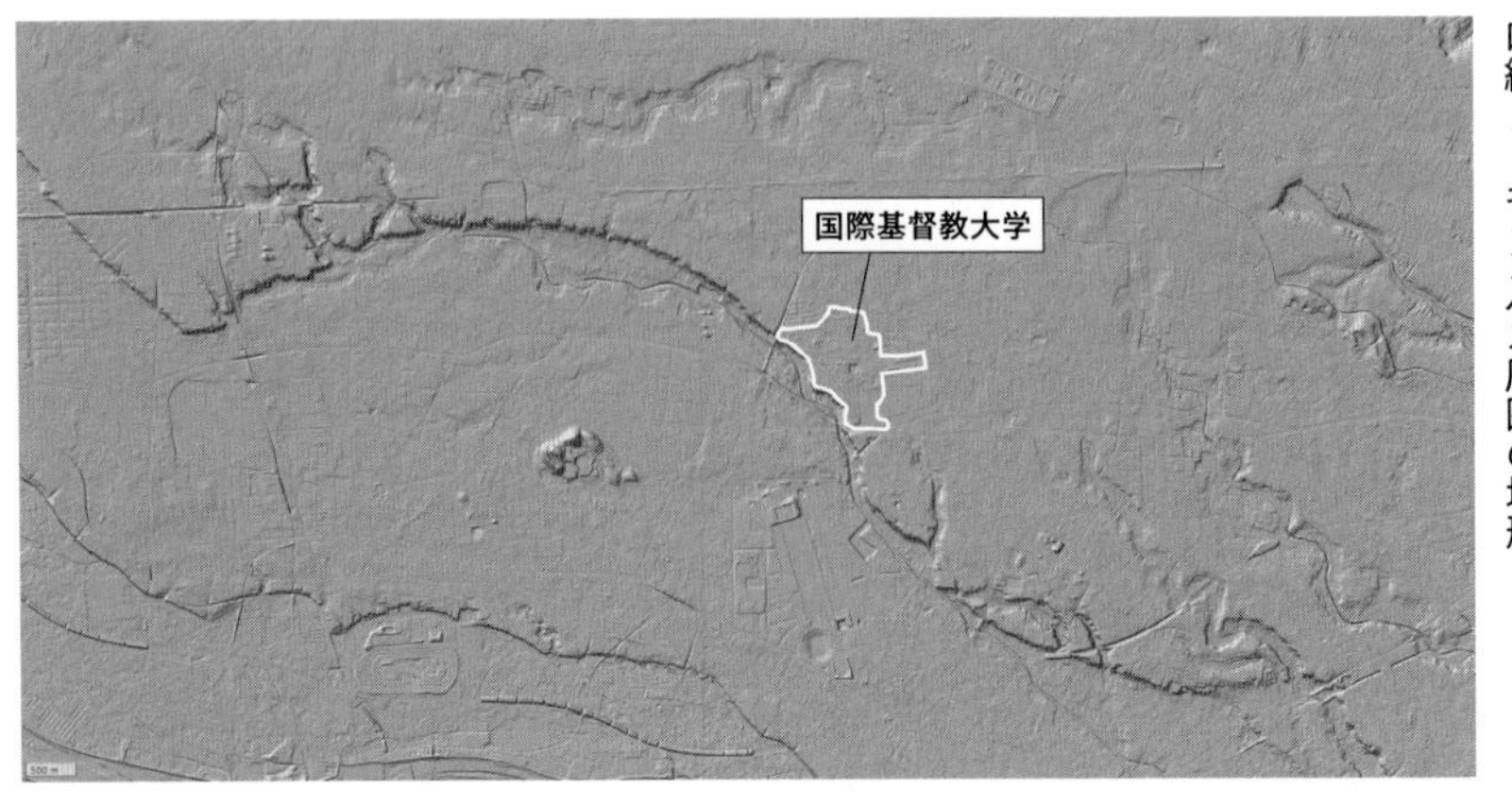

武蔵野台地の南端、野川の北側の崖の上にキャンパスは位置する。この地形のため、西南西に富士山を望むことができる。キャンパス中央のへこみは、図書館周辺のドライエリア（地下室周囲の明かりをとるための空間）を示したもの。（国土地理院ウェブサイトのデータを基に作成）

http://maps.gsi.go.jp/#14/35.684350/139.525595/&base=std&ls=std%7Crelief%7Canaglyphmap_color&blend=10&disp=111&lcd=slopezone1map&vs=c0j0l0u0t0z0r0f0

口絵4　1932年のキャンパス周辺地図

キャンパスのあたりには、三軒家という集落があり、道は野川と並行に位置していたことがわかる。天文台はすでに存在しているが、多磨霊園は南側の半分しかできていない。（国土地理院２万５千分１地形図「吉祥寺」1932（昭和７）年発行より抜粋）

口絵5　1949年のキャンパス周辺地図

国際基督教大学の買収が行われる直前の地形図。中島飛行機三鷹研究所の遺構が分かる。本館の北西に位置する、巨大な建物は、超大型爆撃機「富嶽」の開発のために作られた格納庫。研究所の南には、調布飛行場へと続く飛行機の移動路が見える。（国土地理院2万5千分1地形図「吉祥寺」1949（昭和24）年発行より抜粋）

口絵6　1986年のキャンパス周辺地図

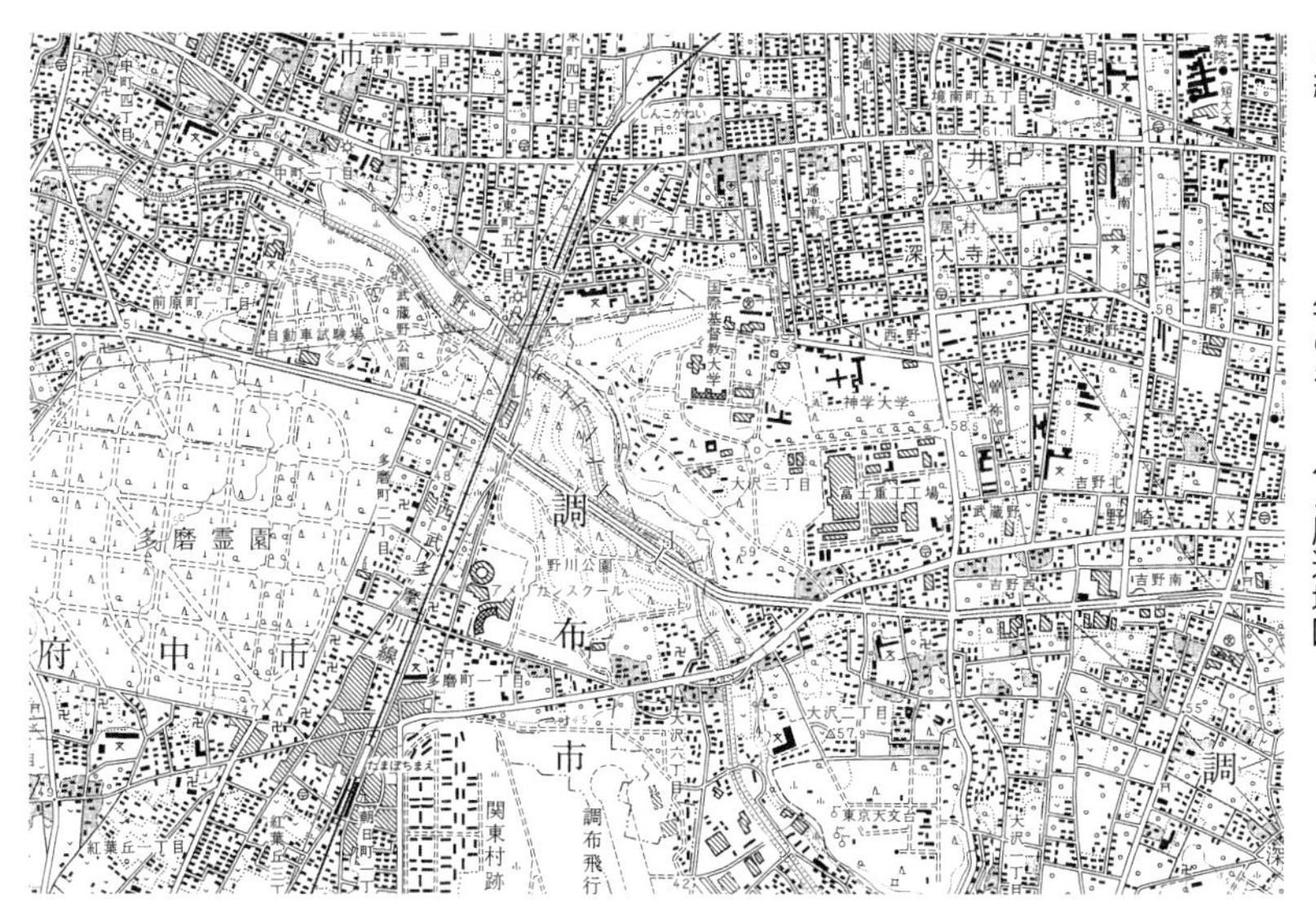

市街化が著しい。東西に道幅 30 m の都道 14 号線（東八道路）が通る。またキャンパスの南部分は野川公園となり、その南西端にはアメリカン・スクール・イン・ジャパンの校舎が見える。北東端は東京神学大学と、地図には記載がないがルーテル神学大学（当時）の校舎がある。（国土地理院2万5千分1地形図「吉祥寺」1986（昭和61）年発行より抜粋）

口絵7　1992年当時の国際基督教大学キャンパス

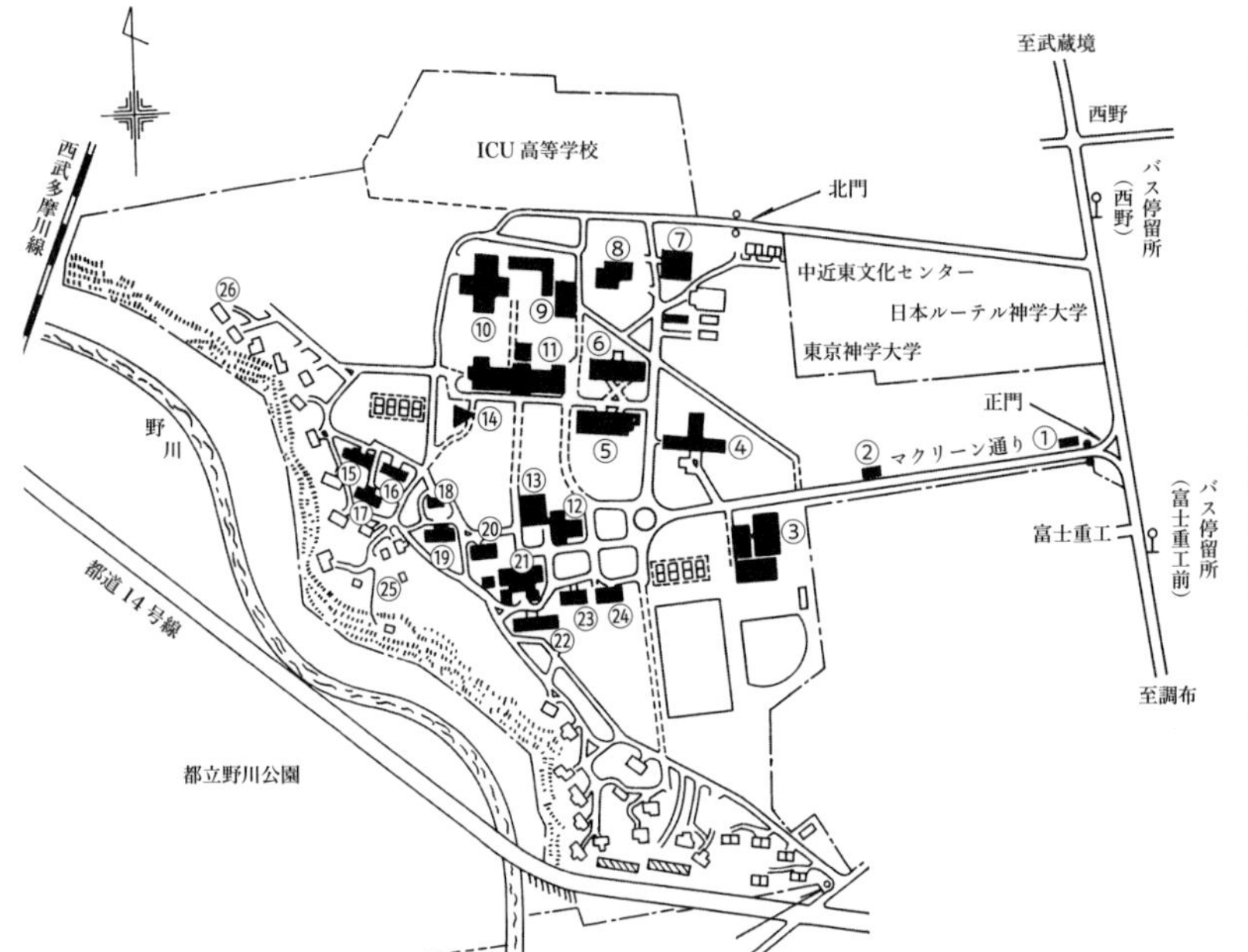

一番東側にあるのが正門、そこから600mのマクリーン通り（通称、滑走路）を経て、礼拝堂前のロータリーに至る。ロータリーから礼拝堂の北側の道をたどると本館前のクアドアングルに出る。（1993年国際基督教大学教養学部要覧に基づき、一部加筆して作成）

①正門守衛所　②バス停留所　③体育館・室内プール・セントラルロッカー　④本部棟　⑤図書館　⑥教育研究棟　⑦セントラルパワーステーション　⑧湯浅八郎記念館　⑨総合学習センター　⑩理学館　⑪本館　⑫礼拝堂　⑬ディッフェンドーファ記念館　⑭シーベリー・チャペル　⑮シブレーハウス（大学院寮）　⑯第三女子寮　⑰第四女子寮　⑱第二女子寮　⑲メイプル・グローブ（楓林荘）　⑳第一女子寮　㉑食堂　㉒カナダハウス　㉓第一男子寮　㉔第二男子寮　㉕泰山荘　㉖教員住宅

はじめに

ごくありふれた場所が、突然、歴史の焦点となることがある。

たとえば、岩手県の平泉がそうだ。9世紀頃に、その近郊で金が発見され、その後、平泉は交易や戦闘における拠点とはなったが、決して突出した存在ではなかった。それが、1100年頃、奥州藤原氏の初代清衡が平泉に居館を移したことをきっかけに、平泉は、その後、約90年間、日本でも特異な場所となる。清衡から泰衡まで4代にわたり、阿弥陀如来信仰に基づいた、中尊寺などの大規模寺院や、政庁が建設され、平泉は大いに栄えた。しかし、1189年に源頼朝に攻められ、奥州藤原氏が滅亡すると、平泉はまた一地方の都市に戻ったのであった。

滋賀県の安土も有名な例であろう。織田信長は、京に近く、琵琶湖の水運も利用でき、京へ向かう北国街道のそばであることなどから、小さな山城にすぎなかった安土山を本拠地と定めた。そして、1576年、それまでと一線を画す規模と絢爛さを誇る安土城の建設を開始、その周囲には家臣などが住む城下町も整備した。しかし、1582年の本能寺の変で安土をめぐる事態は大きく転換する。変の後の混乱のなかで天主を焼失、その後、信長の後継者と位置づけられた織田秀信（三法師）が居住するも、1585年、豊臣秀吉が後継者に指名した豊臣秀次が隣町に八幡山城を築くと、残っていた安土城の城下町も八幡山城城下町に移築され、安土城は廃城となる（この時にできた八幡山城の城下町こそ、後述するヴォーリズが住んだ近江八幡の町である）。その後、秀次は1590年に尾張国清洲城へ移封となり、代わって京極高次が八幡山城に入城したが、1595年、秀次事件で秀次は切腹、八幡山城は廃城となり、京極高次は大津城に移った。

このような場所がなぜ出現するのか。多くの場合、革新的な有力者に選ばれた土地だったという要因が大きい。このような人々はその革新性ゆえに、旧来の権力の干渉などを嫌って既存の大都市などを選ばず、普通の人には感じ取れないその場所の可能性を見抜き、本拠地を設けるなどして投資を行う。その場所はその有力者が活動している期間は栄えるが、その有力者がいなくなると、旧来の場所の持つ優位性が長期的に働くことや、旧来の権力からの攻撃等により、その繁栄の歴史を織り込みつつも長期的に安定したあり方に落ち着いていく。このような場所は、いわば地表に露頭した地層のようなもので、歴史の断面をコンパクトに確認できる切り口となりうる。そのような場所を視座の中心に据えることで、その時の社会状況や、そこに関わった人々の人生を通常の正史とは異なる視点で簡潔に示すことができるのである。

現在、国際基督教大学のキャンパスとなっている三鷹市大沢三丁目の地は、（スケールは違えども）戦前から戦後にかけて間違いなく、そのような場所だったと言える。そこで見ることができるのは、やはり有力で革新的な人々の夢と思い、その背景として透けて見える時代背景である。そして、そのような人々が幾重にも重なっているのが、この地の面白さだ。

最初にこの地を見出したのは、地方出身の書生から大財閥の重役に上り詰めた夫と、14歳年下で大阪の有力実業家の娘であった夫人、茶の湯に入れ込む夫人の師匠である有名茶人であった。当時の財閥を中心とする経済状況のなかで、財閥重役といった経済的な成功者たちの茶の湯への関心は高く、茶の湯は社交として機能していた。そして、この新しい別荘の目玉として有名茶人が見つけてきたのが、数奇な運命をたどる、幕末の探検家の作った小さな建物であり、その後、この貴重な建物は三鷹大沢の地にとどまり続けることとなったのであった。

次にこの地を見出したのは、18歳で家を出奔して海軍将校となるも、飛行機の可能性をいち早く発見し、海軍を辞して航空機会社を設立、様々な困難を乗り越え日本一の飛行機会社に育て上げた実業家である。彼は、この地に、飛行機のみならず政治経済の世界的研究センターを構想し、60万坪（200万㎡）という広大な土地を購入するとともに、自らも、財閥重役が建てたばかりの別荘を購入し、そこに移り住んだ。

終戦直後の混乱のあと、最後に、この土地は国際基督教大学のものとなる。国際基督教大学の設立構想は、終戦直後の1945年9月に始まっているが、初期に日本側で構想の立案や現実化の中心となったのは、元早稲田大学理工学部長にして東京女子大理事長、バイタリティ溢れる大学人である。彼は、この広大な土地に、新大学を中心とした国際的施設の一大拠点を夢見る。そして、この土地は、国際基督教大学の構想に戦後日本の新しい他国との関係を感じ、共感した、文字通り全国津々浦々の日本国民の募金によって購入され、国際基督教大学のキャンパスとなったのであった。ここまでが第一部である。

本書の第二部では、このキャンパスの建築を見ていく。ここでも興味深い人間のドラマが見られるとともに、日本の建築史として見ても興味深い事実が次々に浮かび上がる。

国際基督教大学は、キャンパス全体の構想、およびすべての建物の設計を行う主任建築家を置いたが、最初にこの地位を争ったのは、二人の個性豊かなアメリカ人建築家だった。二人は、戦前の日本において、ミッションスクールや教会、外国人および上流階層向け住宅の設計で同じように活躍した。キャンパスの設営にあたっては、大学幹部とつながりの深い、この二人にキャンパス計画の打診があり、その結果、選ばれたのが、既存の中島飛行機時代の建物を最大限生かすとした、キリスト教伝道活動（ミッション）と建築家の二足のわらじをはく建築家であった。この建築家の得意としたアメリカの大学の伝統に基づいたキャンパスの空間構成が、その後の国際基督教大学のキャンパスの空間構成を決定することとなる。また、この最初の主任建築家が病気で倒れた後には、所員であった知られざる若き才能が設計を担ったこともあった。

そして、二代目の主任建築家となったのが、もう一人のアメリカ人建築家である。この二人が日本の建築史のなかで重要な役割を果たしたことは、すでに広く知られている。しかし、お互いをどのように見ているか、これまでまったく知られていなかった。今回、このキャンパスの建物を巡って、二人のライバル意識が浮き彫りになる。この新しい建築家は、先代建築家の立てた礼拝堂を徹底的に改築し、自分の作風にするとともに、図書館と住宅を設計する。しかし、このプロジェクトのやり取りのなかで、クライアントである国際基督教大学との意見の相違が埋められず、辞任することなる。

次に、主任建築家に就任したのは、若き日本人建築家であった。初代主任建築家の所員であったこの建築家は、事務所を辞してアメリカの有名大学とアメリカの建築事務所で研鑽をつみ、帰国後、主任建築家となる。最新の知識を得て理想に燃える三代目の主任建築家は、ユニークなコンセプトで、特異な構造の建物を作った。そして、ここで見出されたコンセプトは、国際基督教大学と別れた後も、この建築家の生涯のテーマとなっていくのである。

1970年代後半から1980年代初めには、前川國男を含む、複数の建築家や建築事務所にその都度、建物の設計を依頼する形式となった。それぞれの建築家は、大学側の要望を取り入れつつも彼らの個性を発揮した。また、この時期に多くの建物が建設されたのは、キャンパスの一部を都に売却し基金を設立、建築資金として基金運用の果実があったためであり、この背景には石油ショックによるインフレに対応した高金利や、二度の石油ショックを契機により高度な製品を開発し、国際的競争力を高めて1980年代に繁栄した日本経済の動向があった。こういった点で、その時代の日本を反映していたとも言えよう。

それでは、この土地の興味深い歴史を見ていくこととしよう。

※本書は国際基督教大学の見解等ではありません。
本書の文責はすべて筆者にあります。
※特に表記のない写真は筆者が撮影したものです。

目次

第2部　建築編　81

第1部

前史

第1章 はじまりとしての泰山荘

泰山荘（たいざんそう）とは、三鷹市大沢三丁目の国際基督教大学キャンパス内にある、茶室、住宅、門などの和風建築物と回遊式の庭によって構成された邸宅である。茶室は7世紀から江戸時代までの由緒ある木を集めて作られた特別なものであるし、庭も様々な名物を配置した特筆すべきものだ。１９３４（昭和９）年から5年をかけて建設されたこの建物の歴史をひも解けば、戦前の財閥重役のキャリアや家庭、幕末から明治にかけて日本全国を歩いた冒険家の生涯、紀州徳川家の没落などといった幕末から昭和初期における社会の変化が見えてくる。

１９３４年以前の三鷹市大沢三丁目

三鷹市大沢三丁目は、東京駅の西約22km、ＪＲ中央線武蔵境駅の南西約２kmに位置する（口絵1参照）。この場所は、関東平野の東部に関東ローム層で形成された武蔵野台地の南端に位置し、国分寺崖線と呼ばれる、北西から南東に走る高低差16、７ｍほどの崖の上にある

※1　国土地理院（２０１７）によれば、この付近の崖上の標高は約60ｍ、崖下は約44～43ｍとなる。

（口絵3参照）※1。「はけ」とこの地域で呼ばれる崖の下からは湧水が湧き出し、それらの湧水を集めて、多摩川の支流である「野川」が崖に沿うように流れている。この特徴のある地形のため、野川の流域には古くから人が住んでいた形跡があり、野川両岸の300～500m、場所によっては1kmの範囲に多くの遺跡が発見されている［三鷹市遺跡調査会：1990：83］。驚くべきは、国分寺駅北西の日立中央研究所内の湧水池から世田谷区鎌田で多摩川に合流するまでの約20km程度の、この崖線に、70を超える旧石器時代の遺跡があることである［明治大学：2007：5］。最古のものは約3万年前のものとされており、大沢三丁目にも旧石器時代の遺跡が確認されている。縄文時代にも、キャンパスには、早期、前期、中期、後期※2と多くの遺跡が確認され、中期には住居跡も発掘されている。その後は、奈良時代もしくは平安時代の土師器がわずかに発見されるが、中世の遺跡は存在せず、江戸時代以降に集落が形成されることとなる［三鷹市遺跡調査会：1990：109］。狩猟採集には向いていたこの台地も、稲作には向かなかったということであろう。

最古の国土地理院地形図である1906（明治39）年の地形図を見ると、大沢三丁目のあたりには、三軒家（三軒屋とも表記）と呼ばれる集落があり、その周囲に桑畑、広葉樹林（いわゆる里山林）、針葉樹林（松と思われる）が入り組んで存在する、典型的な武蔵野の農村風景が広がっていたことが読み取れる。野川の南側には川に沿うような形で小規模な水田が連なっていた。野川と並行して、崖の上を北西から南東に走る道は、人見街道の大沢三丁目交差点あたりにあった上組と呼ばれる集落から、三軒家集落を通り、小金井の栗山集落（東小金井駅の南側にあった集落）を結んでいて、近隣の人にとって、南北をつなぐ重要な道だったという［牛田・高柳：2005：97］。この道の一部は、現在もキャンパスに残っており（旧

※2　一般に縄文時代は、草創期（約1万5000～1万2000年前）、早期（約1万2000～7000年前）、前期（約7000～5500年前）、中期（約5500～4500年前）、後期（約4500～3300年前）、晩期（約3300～2800年前）の6つに区分される。

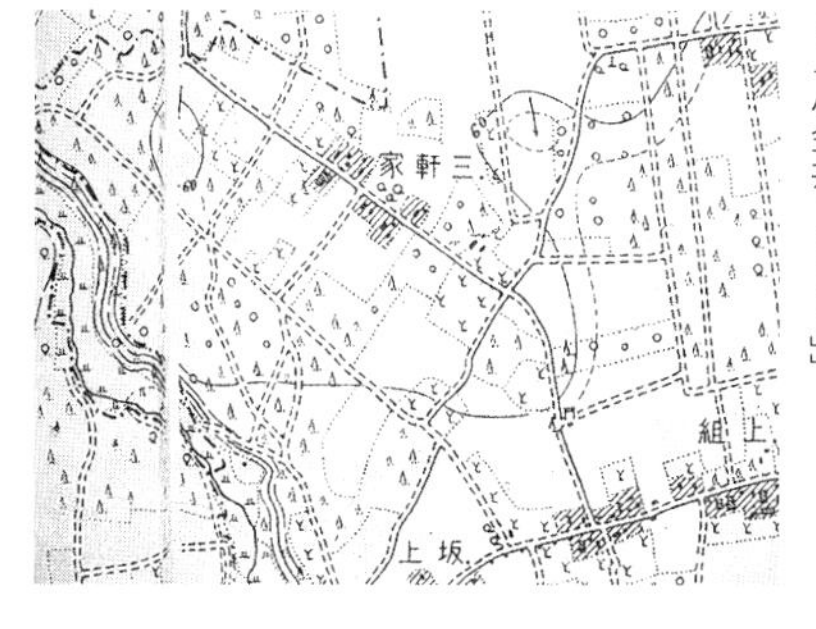

図1　1906年の国際基督教大学キャンパス［清水：1995：128「小金井1906」］

バス停留所あたりから本部棟の北を通り教育研究棟に達する道、口絵7参照）道の両側に見られる大きなケヤキは、集落の屋敷林の名残りである。

1906（明治39）年の時点で、すでに中央線が敷設されており、境駅（現・武蔵境駅）も存在した。意外にも、境駅は、国分寺、立川、八王子とともに中央線に最初に設置された駅のひとつである。また、連雀通りや富士見通り、人見街道とともに、天文台通りの元となった細い道も見え、現在のキャンパス周辺の大まかな原形はすでに存在していた。この時点では、西武多摩川線、東八道路、天文台、多磨霊園はまだ存在していない。

泰山荘の建設

泰山荘は、大正期に発展した新興財閥のひとつである日本産業（日産）の専務取締役、山田敬亮（やまだ けいすけ 1881-1944）の別荘兼茶室として、1934（昭和9）年から1939（昭和14）年にかけて建設された。

山田は、瀬戸内海に面した港町にして徳山藩（長州藩の支藩）の城下町、山口県徳山（2003年以降は周南市）で、1881（明治14）年に生まれた。山田の家系は不明だが、山田は生地に関連して明治時代に勢力を誇った長州藩の人脈を得たと思われ、これがその後の山田の成功を決定づけた。1890年代、山田は、元奇兵隊隊員で長州閥とのつながりから政商として活躍し、南海電鉄、関西電力、毎日新聞、藤田観光などを設立した大阪の有力な実業家、藤田伝三郎（ふじた でんざぶろう 1841-1912）の書生となり大阪で勉強した。

図2 山田敬亮
[和田：1937：128]

その後、1900(明治33)年に東京専門学校(1902(明治35)年に早稲田大学に改称)法律科に進学したが[スミス:1993:46]、これも、藤田伝三郎の甥で東京藤田家といわれた藤田小太郎を頼ってのことであると思われる。卒業後、3年間北浜銀行に勤務した後に、東京藤田家の紹介で、長州出身の実業家、鮎川義介(あゆかわ よしすけ 1880-1967)が最初に設立した戸畑鋳物の支配人となった。技術者であった鮎川にとって、事務や会計を担当する山田は必要不可欠のスタッフとなる。その後、鮎川は、日産財閥の雛形となる共立企業を設立し、義弟の久原房之助(くはら ふさのすけ 1869-1965)の政界進出に伴って久原財閥の経営を引き受けて再建し、これを日本産業と改め、積極的な企業買収で日産の規模を拡大していった。それに伴い、山田も数多くの企業の監査役、取締役として経営に参加し、富を築いた[宇田川:1984:56]。この富の一部が泰山荘建設の資金となったのである。

泰山荘の建設は、山田自身ではなく夫人の山田のぶ(やまだ のぶ 1895-1981?)の主導で行われた。のぶの父は、古くから続く裕福な大阪の商家の出身で、南海電鉄の前身である阪堺鉄道の設立などに関わった大阪の有力な実業家、田中市兵衛(たなか いちべい 1838-1910)である。実業界における藤田伝三郎と田中市兵衛のつながりにより、1913(大正2)年、のぶは14歳年上の山田敬亮と結婚する。山田夫妻は、当初、戸畑鋳物のあった北九州に住んだが、1920年代初めに京都に移り、2年半ほど過ごした。幼い頃を京都で過ごし茶道に触れていたのぶは、この時に裏千家十四世宗室、淡々斎に茶道の指導を受けた。1927(昭和2)年に山田夫妻は、日産の本社が置かれた東京に移り、1930年代の初め、渋谷区南平台に6700坪の屋敷を構える。同じ頃、派手好きで野心的なの

図3 山田のぶ
[スミス:1993:48]もとは亀山宗月『茶の湯作法』東京中央放送局1928年所収。

ぶは、好きな茶道を生かして東京の上流社会とのつながりを築くべく、裏千家の亀山宗月（かめやま そうげつ 1878-1953）に茶会の開ける別荘の設計を依頼した。亀山は、華族や実業家など多くの有力者の庭園や邸宅を数多く設計し、ラジオの茶道講座の講師も務めた、有名な茶人であった［スミス：1993：48-50］。

当時、茶道に入れ込んでいたのは、のぶだけではなかった。江戸時代、諸大名に支えられていた茶道であったが、明治維新後に大名が没落すると、まったく顧みられなくなり、家元らは茶器や家屋敷を手放し、茶器の値段は暴落した［熊倉：1980：161-164］。しかし、1900年前後（明治30年代）から、安田善次郎（1838-1921）や井上馨（1836-1915）といった新興の財界人や政治家、官僚が趣味として茶道に入れ込むようになる。彼らは、茶道を生業とする茶人に対して、趣味として茶道を熱心に追究し数寄者（すきしゃ）と呼ばれた。これら近代の数寄者は、お互いを茶会に招き、財閥、所属組織などを超えた成功者のネットワークを形成するようになる。実社会で競争関係にあったライバルを招くこともあった知られざるネットワークである［齋藤：2012］。山田を書生として寄宿させ、その成功のきっかけを作った藤田伝三郎も熱心な数寄者であった。熊倉［1980：194］の分類によれば、1881年生まれの山田は、阪急東宝グループの創立者である小林一三（1873-1957）や東急グループの創立者である五島慶太（1882-1959）と同じく近代数寄者としては最後となる第四世代に位置する。山田が茶室と回遊式の庭を持った別荘を計画したのも、成功した財界人としてのたしなみであったとともに、仕事に関連した人間関係を作りたいという思いもあったはずである。

この三鷹大沢を選定したのは、山田か、のぶか、亀山か、定かではないが、そもそも、は

図4 亀山宗月［スミス：1993：48］

けのあるこの地域を選んだのは順当であっただろう。というのも、主に大正以降に、財閥関係者や政治家など、多くの有力者の別荘がはけにそって建設されていたからである。十代田（１９９２）らは、その要因を以下のように分析する。

まず、明治期の有力者や財閥の富裕層が、大名の別荘である下屋敷の跡地などを取得し、東京都心に比較的近いエリアの台地端、河川沿いなどに別荘を建設した。台地端の下屋敷は、高台の平らな場所に屋敷を建て、斜面や崖下には高低差や涌水を生かし、池や茶室を配した回遊式の庭園を置いたが、この配置をそのままに別荘としたのである。柳澤吉保の下屋敷を、明治初年に岩崎弥太郎が購入し別邸とした「六義園」や、久留里藩黒田氏の下屋敷を１８７８（明治11）年に山縣有朋（やまがた ありとも １８３８-１９２２）が購入、前出の藤田伝三郎の長男で、藤田財閥の二代目当主となった藤田平太郎（ふじた へいたろう １８６９-１９４０）が１９１８（大正７）年に山縣から購入して東京別邸とした「椿山荘」などがその代表例である。

そして、これらの別荘を雛形に、財閥重役、政治家、軍人、学者など、大正期に台頭してきた専門知識による有力者の別荘が、はけのある武蔵野に建設されるようになる。また、財閥の創業家関連者も来客を接待する都心そばの別荘とは別に、私的な別荘をこの地に求めた。十代田（１９９２）らによれば、この別荘地の変化の要因は以下のようなものである。すなわち、第一に、東京の都市化に伴う環境悪化から、明治政府が軍隊などに導入した、良い空気を呼吸する大気療法に注目が集まったことである。第二に、鉄道や自動車の普及に伴い、この地域の都心からの利便性が高まったことである。第三に、国木田独歩の『武蔵野』（明治31年）に端を発し、新しい自然、風景の発見である「武蔵野ブーム」が起こった」ことである。このような別荘の代表例としては、中央線国分寺駅の南側に、1913（大正2）年から1915（大正4）年にかけて、三菱財閥の持ち株会社である三菱合資会社で1920（大正9）年に総理事となった江口定条（えぐち さだえ 1865-1946）が建設した別荘（現都立殿ヶ谷戸庭園）や、新聞主筆、外交官、三井銀行役員、衆議院議員などを務めた波多野承五郎（はたの しょうごろう 1858-1929）が1914（大正3）年に武蔵小金井駅の南側に建設した別荘、滄浪泉園（現小金井市滄浪泉園）などがある※3。

はけのなかで特に三鷹大沢の地が選択された理由としては、次のような要因が考えられる。第一に、富士山の景観である。「この土地の最大の魅力は、南西に臨む富士山の雄大な姿である。泰山荘という名前がつけられたのは、そのためであろう。「泰山」とは中国の聖山の名前であるが、一般には、大きな山の比喩として使われていた」とスミス［1993：30］は指摘する。現在の泰山荘から富士山が見えないのは、崖の部分に木が繁茂してしまっているためで、当時、崖は茶などの低木で覆われていた。第二に、別荘地として実績があったことがあろう。泰山荘ができる以前にも、三軒家集落には、洋画家富永氏の洋館や、キャンパスの正門から礼拝堂を結ぶ道路（マクリーン通り、国際基督教大学の学内では「滑走路」と呼ばれる）のあたりには日本橋の裕福な商人、森山氏の別荘※4があった［牛田・高柳：2005：97］。また野川のそばには、戦時中の久邇宮家の別邸があった（これは、大学開学直後に学生寮として利用されクニハウスと呼ばれた）。

泰山荘は、崖上の台地に母屋などの住宅を置き、眺望のある崖の中腹に茶室を、そしてその周囲に回遊式の庭を配するが、これは、この時期のはけの別荘として典型的なものであった（図5参照）。その敷地は、北側は現在と変わらないものの、南側は野川までを範囲とし、

※3 波多野は、江戸時代の私塾的な面も残っていた1870年代の慶應義塾卒である。これに対して江口は、国立の近代的な学校であった東京高等商業学校（現一橋大学）を設立直後の1887（明治20）年に卒業している。しかし、創業者として新事業を興し、財をなした明治初期の経済的な有力者と比較すれば、（近代的な）学校で専門知識を身につけ、すでにあった三大財閥（の関連企業）に入社し、重役となり富を築いた点を違いとして指摘できよう。山田も東京専門学校（現早稲田大学）で教育を受けたが、新興財閥の成長とともに財をなした。ここに、1850年代生まれの波多野と、1860年代生まれの江口、1880年代生まれの山田の世代の違いを見ることができる。

※4 この建物は、森山別荘と呼ばれ、中島飛行機による現在のマクリーン通りの建設に伴い、本部棟の位置に移築され、事務所や幹部用の食堂として使われた。国際基督教大学の土地買収後は、富士重工敷地内に再移築され、現在も使用されている［牛田・高柳：2005：108］。

台地の上に母屋※5、座敷（書院）と待合、崖の中腹に茶室（高風居）と、湧水を水源とする人工滝、わさび田、崖下に丸地、花畑、水田、野川を配置していた。そして、それらを何通りかの細い道で結び、その周辺に、灯篭、五重塔、石柱などの石造物を置いた。それら建物、石造物の多くがそれぞれに由来を持ち、この地に移築されたものであった。例をあげれば、待合は、備前池田家江戸上屋敷にあったものであり、門の外の捨石は江戸城虎ノ門の石、滝の石は石黒家※6にあったもの、母屋は南多摩地区の江戸時代の農家（日野の庄屋の家という伝聞もあり）を移築したものである［スミス：1993：214-228］。現在、芝生に囲まれてある一番目立つ建物（書院）は、数少ない例外で、泰山荘建設寺に新たに建設されたものである。

手入れが十分に行われていた時期の泰山荘は、贅を尽くして作られただけあって、素晴らしいものだったようである。泰山荘の美しさを、国際基督教大学の職員であった石川は次のように記している。「野川とはけとの間にあった田圃は、山間の田園風景を彷彿とさせるものがあり、見えるものは林と田圃と小川と青空とである。聞こえるものは、小鳥の鳴き声と虫の声と松風の音とせせらぎの音であった。泰山荘から滝下の池をすぎ、柴折戸を開けてせせらぎの丸木橋を渡ると、田圃の中に丸池があった。この丸池は、中島の石組や池際の配植、四季それぞれに美しい池であった。池をすぎて林を抜けると、そこには広い花畑があり、四季おりおりの花を咲かせてい

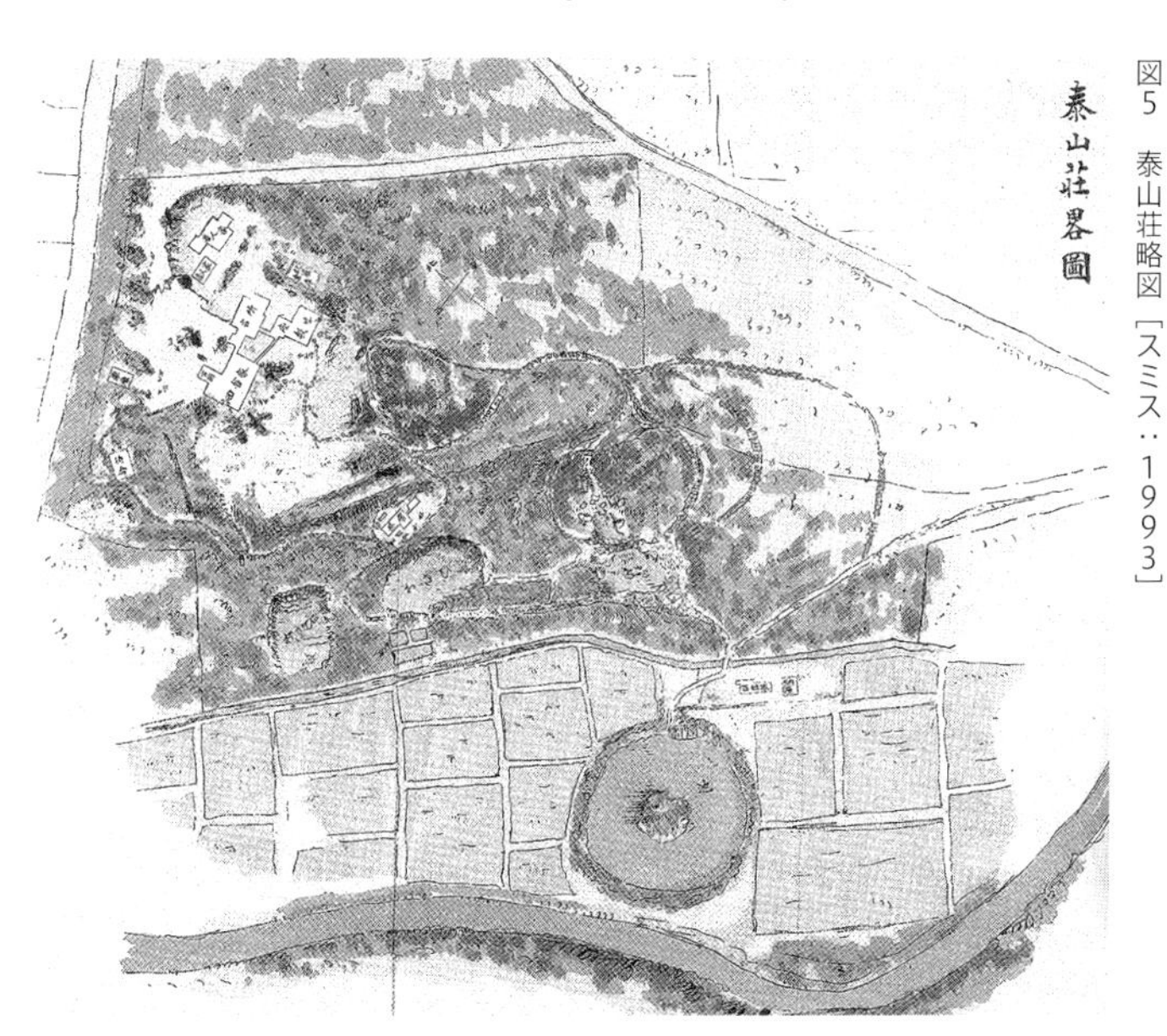

図5　泰山荘略図［スミス：1993］

た。」［石川：1982：37］「樹木一本、石一個の配置にも言葉に表すことの出来ない「感」があるのである。」［石川：1982：133］

しかし、この景観は長くは続かなかった。園丁の宮澤吉春は、中島飛行機時代から泰山荘の管理を続け、戦後の混乱期も含めて、泰山荘が荒廃するのを防いだ。しかし、残念ながら国際基督教大学には、建設当初とおなじ景観を保てるほどの資源がなく、また、ゴルフ場を建設し、東京都へ野川公園部分を売却したことにより野川や丸池などの南側部分が失われ、庭園としての泰山荘の景観は大きく変化することとなった。

松浦武四郎の一畳敷き

泰山荘の中で、最も価値のあるのは、松浦武四郎（まつうら　たけしろう　1818-1888）の一畳敷きである。これは、崖の中腹にある茶室（高風居）の廊下の南側に張り出した一畳の部屋で、晩年に武四郎が各地の友人に頼んで送ってもらった、それぞれに由来ある木材を組み合わせて作られている。松浦武四郎という人物は、極めて多才な人物で、現代風に言えば、篆刻家、探検家、登山家、地理学者、画家、ジャーナリスト、フィールドワーカー、古物商であり、僧侶であったこともあれば、幕府や明治政府の役人だった時期もあった。しかし、彼の人生の様々な要素が一畳敷きとして結実したことは確かである。

武四郎は伊勢の須川村（現三重県松阪市小野江町）に、紀州藩郷士の四男として生まれた。15歳で初めて江戸へ一人旅をして以来、旅の魅力にとりつかれ、江戸で習得した篆刻（てんこく）（印章

※5　母屋は、「泰山荘の記」（落成記念茶会で配布されたパンフレット）では田舎家と紹介されていた［スミス：1993：52］。国際基督教大学の所有となってからは、学生会館として使用されたが、1966年（昭和41）4月17日に電気ヒーターの過熱により焼失した。［スミス：1993：64］

※6　石黒家の詳細は不明である。［スミス：1993：228］

図6　アイヌの首飾りをかけている松浦武四郎［吉田：1972］

を彫りこむ技術）で収入を得ながら、日本各地へ旅を繰り返すようになる。旅は、「町に居ては有名な学者を訪れ、山に入っては飽くことなく山頂を目指すという武四郎特有の旅」［スミス：1993：12］であった。後年、このようにして各地で親交を深めた文人が、一畳敷きの材料となる木材を送ってくれることになるのである。また、宗教的な動機ではなく、ただ山頂を目指して次々に登山することは、それまでの日本になかったことで、武四郎は日本における登山家の先駆と見なされることもある［中村：2006：29-32］。武四郎は詳細に旅を記録し、地図、紀行、現地の風俗や風景などのスケッチ、歴史、伝説、人物記、日記などの、膨大な書物を出版した。特に有名なのは、蝦夷、樺太、千島列島などの6回の北方旅行（うち後半の3回は幕府の蝦夷御用雇としての旅行）である。すでに、伊能忠敬と間宮林蔵によって作られた北海道の沿岸部の地図はあったが、「武四郎が、ついに各河川の上流を究め、高山を越え、山脈の方向を探り、地名、産物を調べ」たことにより、経緯度一度を一枚とする蝦夷の大地図が完成した［吉田：1972：51］。また、アイヌ人との親交も深く（アイヌ語を自在に操った）その風俗や和人の圧迫による過酷な状況を、シンパシーと怒りを持って絵と文章で記録している。1868（明治元）年、明治政府の蝦夷開拓御用掛に任命された武四郎は、アイヌ人の利便性も考え、アイヌ語を生かした地名を用いることを提案し、これが採用され現在の北海道各地の地名となった［吉田：1972：236-239］。また、北海道という名称も、アイヌ人がこの地を加位（カイ）と呼んでいるという理解に基づき、武四郎が北加位道と提案したことが元となっている［吉田：1972：233］。

1870（明治3）年に明治政府の職を辞した武四郎は、おそらく死を意識

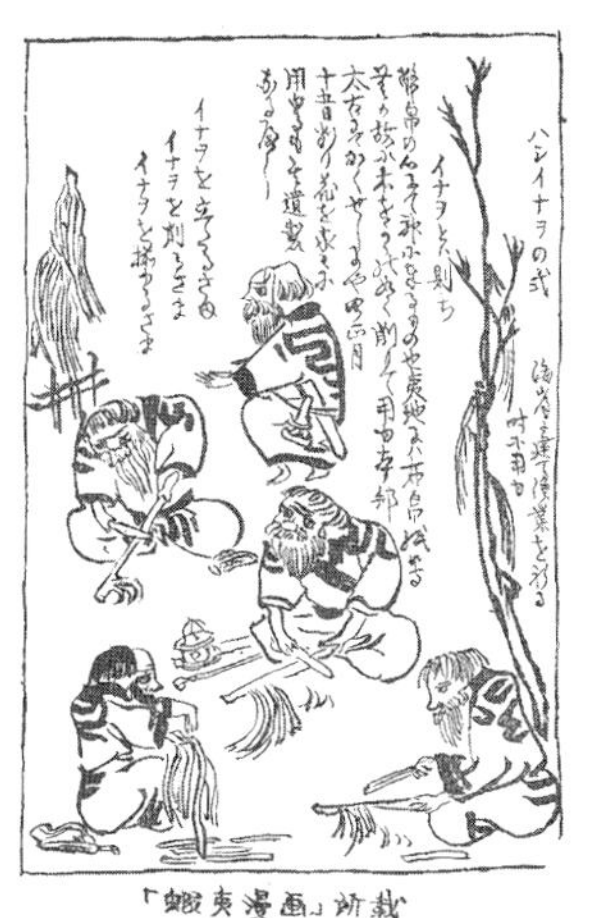

図7　アイヌの儀式（松浦武四郎筆）
武四郎は絵がうまく、絵と文章で記録することが多かった。
［吉田：1972：164］

し始めたと思われる還暦後の、1879（明治12）年頃から友人への依頼や、旅先で、古木材を集め始める。古材の収集には7年かかり、1886（明治19）年の年末に、それらの木材を組み合わせ、広さ一畳の付け書院（建物に寄り掛かる形で取り付ける書斎）を完成させた。武四郎は、この一畳敷きについて書いた小冊子『木片勧進』の壁書と題した文章に、建設の意図を、「この古材板ぎれ等　諸国の友より贈り与えられしを以て補理したり　是また其友を朝夕に是は誰よりと　其人々を思い出る種にして　其の友の厚き志を忘れず　其人々の言行ひの目出度ことを人々に語らまほしき心ばかり」と、記している。一畳敷きは、晩年を友人との思い出に囲まれて暮らしたいという思いを、文人らしい機知で、形にしたものと言えよう。『木片勧進』には、木材の目録も収録され、それぞれの木材の寄進者、由来が書いてある。最も古いものは、福岡県の水城から出土した白鳳時代、664年の木で、床の間の釣柱の後ろの横木として使われている。その他、時代が把握できるものでは、奈良時代（710-794）のものが2点、平安（794-1185）9点、鎌倉（1185-1392）14点、室町（1392-1568）6点、桃山（1568-1600）5点、江戸（1600-1868）20点、の木が使われている［スミス：1993：24］。一畳敷きの内部で特に目立つ、床柱として天井から逆さに吊り下げられた欄干は、静岡県久能山にあった久能寺（現在は鉄舟寺として静岡市清水に再興）のもので、鎌倉時代の古材とされている。

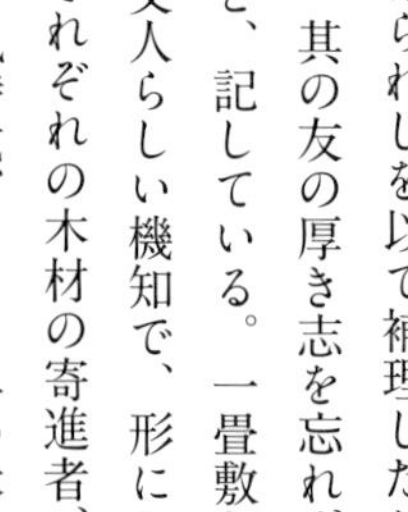

図8　一畳敷き内部
（提供：国際基督教大学歴史資料室）

流転の末の安住

一畳敷きとそれを支える高風居は、最初から、泰山荘にあったものではなく、他の多くの建物同様、移築されてきたものである。しかも、一畳敷きの移築は、これが最初ではなく、3回もの移築の末に、現在の位置に落ち着いたのである。

当初、すなわち1886（明治19）年から1908（明治41）年の22年間、一畳敷きは建設された場所である神田五軒町（現千代田区外神田六丁目）の松浦武四郎自宅にあった。武四郎は壁書に、「死なば毀ちて（「こぼちて」壊すの意：筆者注）此材にて亡骸を焼き　其遺骨は大台山に遺り呉やうと　其は其時の機に計ひてよとしるし置く」と遺言めいた文章を記したが、一畳敷きは「息子の一雄によって父の思い出として大切に保存された」［スミス：1993：30］。この間の一畳敷きは松浦家の一室としてあり、人目につくことはなかった。

しかし、1905（明治38）年に日露戦争の賠償として南樺太が日本領となったことを契機に、一畳敷きに脚光があたり始める。樺太と日本とのつながりを求める動きのなかで、樺太地図作成などの武四郎の業績に注目が集まったのである。武四郎ゆかりの品々を見るために神田の武四郎宅を訪れた地理学者の小川琢治は、火事で一畳敷きが焼失することを心配する遺族の声を聞き、一畳敷きの南葵文庫への譲渡を仲介した。南葵文庫は、紀州徳川家当主で侯爵の徳川頼倫（とくがわ よりみち　1872-1925）がイギリス留学中に着想を得て、私費を投じて設立した日本で最初の西洋式私設図書館で、麻布飯倉町の屋敷内にあった※6。

※6　徳川頼倫は、関東大震災の翌年の1924（大正13）年に、全蔵書を焼失した東京帝国大学の附属図書館に、文庫の蔵書をすべて寄贈し、南葵文庫を閉鎖した。現在も、東大総合図書館の1階閲覧室には、徳川慶喜の揮毫（きごう）した「南葵文庫」の扁額（へんがく）が掲げられている。

1908（明治41）年、一畳敷きは注意深く解体されて運ばれ、武四郎の手稿を展示する「松浦武四郎記念室」の南側に取り付けられた。古いものに対する尊敬の念を持ち、史蹟名勝天然記念物保存協会の会長でもあった頼倫は、一畳敷きが誇らしかったのであろう、南葵文庫を訪れた皇室を含む多くの名士を、一畳敷きに案内した。一畳敷きが南葵文庫に来て16年たった1924（大正13）年に、紀州徳川家が代々木上原に移転したのに伴い、一畳敷きも、解体されずにトラックで運ばれ、高風居（こうふうきょ）と命名された新築の茶室に取り付けられた。高風居は、頼倫が、武四郎に倣って、各地の古材を集めて作った茶室であった。高風とは高尚な人格という意味で、頼倫が武四郎を指して使った言葉である。高風居は、その名も造りも、頼倫の武四郎に対するオマージュというべき建物であったと言えよう。その後、紀州徳川家の財産競売、もしくは北区滝野川への転居がきっかけとなって、亀山宗月の目に留まり、1936（昭和11）年に高風居とともに三鷹に移築された。一畳敷きは、泰山荘のために亀山が獲得した由来あるもののなかでも、出色のものであった。これは、泰山荘落成披露の際に配られた由来書「泰山荘之記」で、その半分を割いて一畳敷きに関する記述を載せていることからも分かる。その後、一畳敷きは、移築されることなく、80年の間、現在の場所に存在し続けている。

国際基督教大学は、庭園は維持できなかったものの、残った泰山荘の建物にはそれなりの配慮を払ってきた。1979（昭和54）年と2004（平成16）年に大規模かつ丁寧な修理を行ったことにより、高風居や一畳敷き、待合、表門などは、現在でも良い状態で存在しえている。特に、1979（昭和54）年の修復では、戦後しばらく住居として利用された高風

図9　現在の高風居
南面を撮影したもの。東西にのびるわらぶき屋根の下に見える長いひさしが一畳敷きである。

居と待合から、浴室、便所などの居住用の改造を取り去り、「釘一本から土壁に至るまで、出来る限り同日の材料を探し出し」[石川：1982：134]、泰山荘建設当時の姿に戻す大修理であった。2000（平成12）年頃からは、茶道部学生を中心とする泰山荘プロジェクトの方々により、通風や清掃などの保守だけでなく、イベント「泰山荘のゆふべ」などにより積極的に活用が行われている[原：2006]。また、例年、秋の大学祭の時に一般公開が行われている。

第2章

中島知久平の時代　1940〜1945

言うまでもなく1940（昭和15）年から1945（昭和20）年は第二次世界大戦の5年間であり、三鷹大沢の地にも、戦争の影響が色濃く反映された。しかし、他の多くの地域とは異なり、戦争の激動がこの地にとっておおむね建設的な方向へ作用したこと、また、混乱のなかに、現在の国際基督教大学のキャンパスの基礎がつくられたことは、この地の幸運と不思議さを感じさせずにはおられない。この方向性をつくったのは、明治から第二次世界大戦直後をユニークに生きた、スケールの大きな男であった。

中島知久平の泰山荘買収

1939（昭和14）年5月、泰山荘建設者で日本産業（日産）の専務取締役、山田敬亮は、各界の有力者を招いて泰山荘の落成披露茶会を4回に分けて行った。招待客には、日本が国際連盟を脱退した際の全権大使で後に外務大臣として三国同盟を結んだ松岡洋右（まつおかようすけ　1880-1946）、陸軍大将と総理大臣を務めた寺内正毅の長男で自身も1935（昭和10）年に陸軍大将となった寺内寿一（てらうち　ひさいち　1879-1946）など、長州出身の有力者の姿も見られた［スミス：1993：54-58］。しかし、泰山荘で行われた大規模な茶会はこれが最初で最後となる。落成から1年1か月後の1940（昭和15）年6月に、山田は、泰山荘とその敷地を中島飛行機社長であった中島喜代一（なかじま　きよいち　1890-1947）に売却したのである［スミス：1993：60］。名義は喜代一であるものの、実質的な買い手は、喜代一の兄で中島飛行機の創立者、当時、政友会革新派の総裁であった中島知久平（なかじま　ちくへい　1884-1948）であった。1930（昭和5）年に衆議院議員となった知久平は、形式的には中島飛行機の経営から離れていたが、創業者として強い影響力を持ち続けていた。

中島知久平は、1884（明治17）年、利根川のほとり、群馬県太田市押切町の養蚕を主とする中堅自作農の長男として生まれた。14歳で高等小学校を卒業したものの、農家の跡取りに学問は不要とする親の意向から中学校に進学できなかった。しかし、隣家三男の陸軍軍人の薦めがあったようで、陸軍将校を志し、昼は農作業をしながら、夜間は地元の私塾に行き、英語と数学は通信教育を受けるなどして猛勉強を続けた。1902（明治35）年8月、18歳の知久平は志を果たすべく、200円（現在の価値で200万程度）を持ち出し家出した。手紙での一大演説や、後見人的役割を果たした隣家の軍人、正田満の働きかけもあって父親の承諾を取り付け、東京で下宿して部分的に塾に通いながら独学を続けた。翌1903（明治36）年（ライト兄弟の初飛行の年）、陸軍士官学校を受験したが師団長の推薦状がなく不合格となった。その後、技術担当の高級将校を育てるエリート校、海軍機関学校に合格し、両

図1　晩年の中島知久平（提供：株式会社SUBARU）

親の説得もあって海軍軍人となったのである［高橋：2003：23-80］。

機関学校を1907（明治40）年に卒業し、戦艦「石見」に乗船していた1908（明治41）年頃、知久平はドイツの雑誌の飛行機の記事をたまたま目にした。そして、巨額を費やす戦艦の建造よりも、低費用の飛行機による爆撃・雷撃の有効性を確信するに至り、私的に飛行機の研究を始めた。その後、知久平は持ち前の意志と機転と人付き合いにより、黎明期にあった海軍の飛行機研究の中枢に食い込んでいく。1911（明治44）年から1年間、海軍大学校の選科学生となり飛行機を研究し、終了後は海軍航空技術研究委員会の委員に任命され、アメリカで飛行士免許を取得した。1913（大正2）年、海軍工廠飛行機工場長となった中島は、日本海軍製の第一号機を作成した［渡部：1997：87-126］。そして、1917（大正6）年、33歳の知久平は、飛行機の技術開発を早めるために、制約の多い官よりも民間で自由に開発を進めるべきとして、海軍を辞し、故郷の太田市に「飛行機研究所」を設立した。資金難で援助を仰いだ関西財界の有力者、川西清兵衛の会社乗っ取り工作や、最初の試作機が墜落や着陸失敗で4度も大破する※1などの、初期の危機を乗り越え、革新的な飛行機を次々に開発し、量産技術の確立にも努めた中島飛行機は、航空機の役割増大と日本の軍備増強の影響も受けて、急成長を遂げた。設立26年後の1943（昭和18）年には、三菱を抜いて、年間4646機を生産する日本最大の航空機製造会社となったのである［富士重工：1984：51］。

泰山荘は、後述する中島飛行機三鷹研究所の用地買収の一部として早い段階に購入されたが、知久平は、泰山荘を取り壊すことなく、当初は別荘として周囲の自然を楽しみ［石井：2000：11］、1944（昭和19）年1月からは疎開先として移り住んだ。知久平が泰山荘

※1　当時の米騒動の世相とあわせて「さつはだぶつく　お米はあがる　何でもあがる　あがらないぞい中島飛行機」という落首が太田で貼り出された［渡部：1997：205］。

を好んだ要因としては、第一に、富士山の眺望があげられる。知久平は富士山が好きで、敗戦直後に中島飛行機が富士産業と社名を変更したのも、知久平の「意向を酌んだ」ものであった〔富士重工：1984：54〕。実際、富士の見える「崖から臨む景色をとりわけ好んだといわれ、より良い景観の実現を図り、かなりの費用をつぎ込んで大きな松の老木を野川の対岸に移植したりした」〔スミス：1993：60〕という※2。第二に、生まれ故郷の押切町の農村を思わせる泰山荘の景観がある。泰山荘の建物は萱葺きも多く、知久平の生活した書院〔石井：2000：14〕に続く母屋は江戸時代の農家を移築したものであった。また、三軒家地区は、養蚕が盛んで桑畑も多く、大きさに違いはあるものの南側に川が流れている点も押切町に似て、知久平がノスタルジーを感じたとしても不思議ではない。

一方で、知久平は、泰山荘の茶道趣味の部分には、あまり興味を示さなかった。泰山荘を住宅として見なしていたようで、敗戦後の1947（昭和22）年からは、住宅難もあり、松浦武四郎の一畳敷きのある高風居に風呂とトイレを設置し、幼子がいる娘夫妻を住まわせたのであった〔渡部：1997：461〕〔石井：2000：14〕。

中島飛行機三鷹研究所の設立

中島飛行機三鷹研究所は、「世界から各分野の優れた学者を集め、政治、経済ならびに航空機を含む先進技術の総合的な研究機関」〔富士重工：1984：40〕、「理想の研究学府を作る」〔竹中：1999〕という知久平らしいスケールの大きな構想が発端となっている。研究

※2　知久平が、海軍を辞する際に周囲に配った長文のあいさつ文「退職の辞」で、「皇国安定の途は富力を傾注し得ざる新兵器を基礎とする戦策発見の一つあるのみ、而して現代に於て此の理想に副う所のものは実に飛行機にして、之が発展によりては能く現行戦策を根底より覆し、小資をもつて国家を泰山の安きに置くことを得べし」と記している〔渡部：1997：173〕。泰山荘購入の23年前に書かれたものだが、このあいさつ文の核心部分に泰山の語を使ったのは偶然だろうか。少なくとも知久平の語彙のなかに泰山の語があったことは明らかであり、あるいは、知久平は泰山という言葉を気に入っていたのかもしれない。

所建設にかける知久平の熱意は並々ならぬものがあり「最初に武蔵野の地図を広げ、遠大なる区画の買収を指示したことから、側近のものは驚いた」[同上]。「計画地区を視察した折、まず研究者や学生が気持ちよく休みまた構想をめぐらす為の公園をポイントとし、そのため武蔵野の自然を生かしつつレイアウトするよう具体的に指示」した。また「日本人だけではなく海外からの留学生を受け入れた研究施設としたかった」という[同上]。この研究所の構想はドイツの軍需企業クルップ社の研究所がモデルであると言われる[石井：2000：13]が、自然の中の研究環境の具体的なあり方は、泰山荘で生活するうちに知久平の中に形成されていったのだろう。

研究所の用地買収は1940(昭和15)年のおそらく後半に始まった。このとき買収された土地は、国際基督教大学のキャンパスのみならず、現在の府中運転免許試験場、都立武蔵野公園、都立野川公園、アメリカン・スクール、SUBARU東京事業所、元安田信託銀行グラウンド※3、中近東文化センター、ルーテル学院大学、東京神学大学などを含む、60万坪(約200万㎡)という広大なものであった(口絵2参照)。この買収は、1941(昭和16)年に開場した調布飛行場とあわせて、この地域の大まかな骨格を形成することとなった。

確かに飛行機の研究所としてこの地は合理的であった。第一に、近隣に中島飛行機を中心とした航空機産業の集積地があったことである。特に、現在の武蔵野市役所・NTT武蔵野開発センター・武蔵野中央公園などを含む20万坪(66万㎡)の敷地にあった武蔵野製作所・

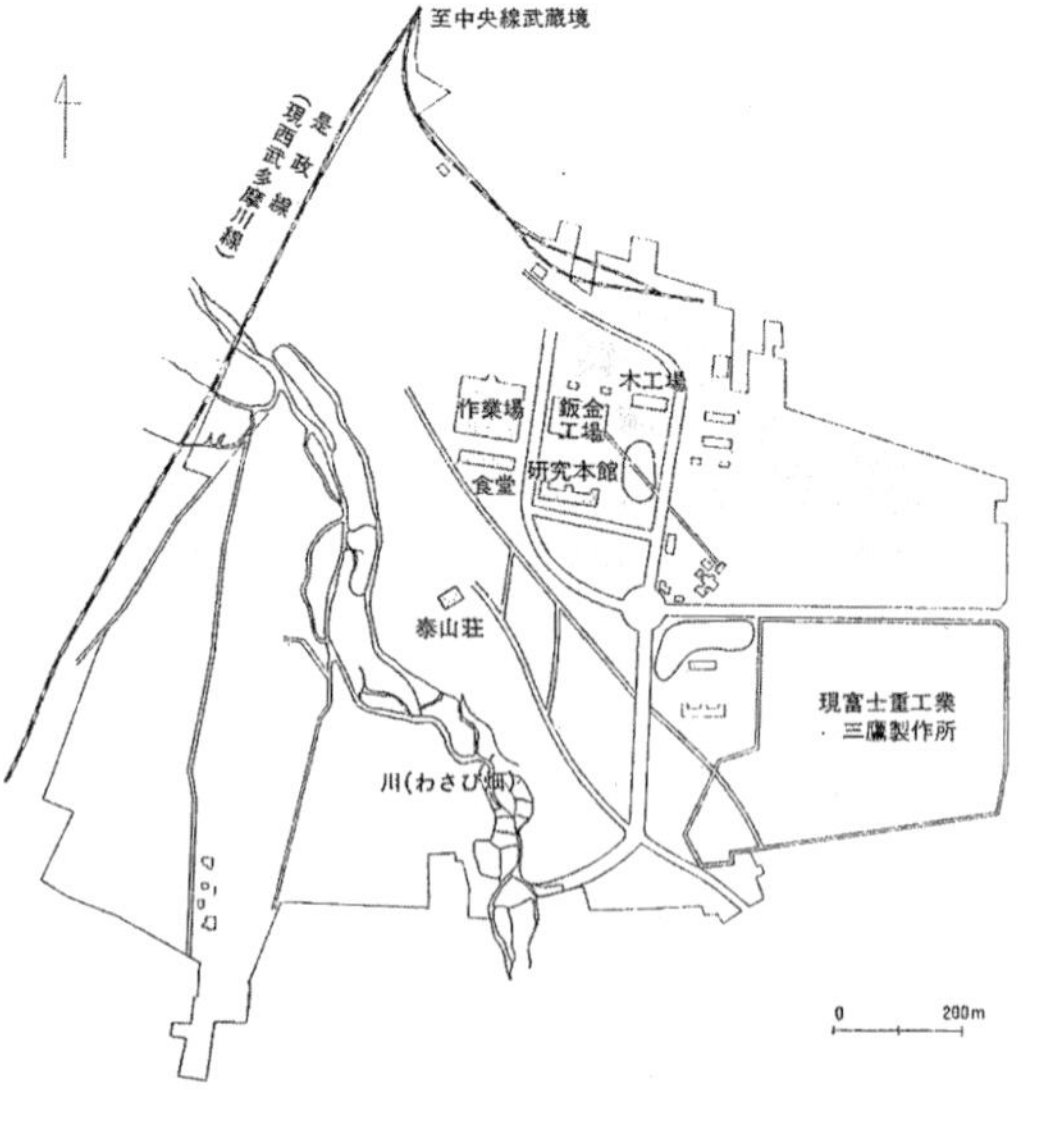

図2 三鷹研究所配置図[富士重工：1984：40]

至中央線武蔵境
是政線(現西武多摩川線)
木工場
作業場
鈑金工場
研究本館
食堂
泰山荘
現富士重工業・三鷹製作所
川(わさび畑)
0 200m

※3 1972(昭和47)年に安田信託銀行(現みずほ銀行)にグラウンドとして譲渡されたが、2000年代にみずほ銀行が一部を残して売却、2014(平成26)年から建売分譲地として販売され、現在は41戸の住宅地となっている。

多摩製作所※4は、日本開闢以来の大工場といわれ、1938（昭和13）年に完成した最新鋭のエンジン工場であり［加藤：1977：142］、ピーク時の1944（昭和19）年には従業員4万人、日本の航空機エンジンの25％を製造する一大拠点であった。そのほか、現在の三鷹市役所の南側には、内閣直属の中央航空研究所（現 航空宇宙技術研究センターなど）、新川には日本無線、三鷹航空工業（キャブレター製造）、正田飛行機（エンジン部品）、田無には中島航空金属（エンジン部品、現 住友重機田無製造所）など周囲には多くの航空機関連の施設が集積していた。第二に、調布飛行場の存在である。調布飛行場は、実質的に東京防衛のために計画され、1938（昭和13）年から始まった強引な買収と、府中刑務所の受刑者による突貫工事で、急速に建設が進んでいた。調布飛行場が完成すれば、テスト飛行を容易に行える環境であった。これにより、陸軍機体は群馬県太田、海軍機体は群馬県小泉、エンジンは東京荻窪と分散していた中島飛行機の開発部門を一か所に集め、効率化を図ることが意図された［牛田・高柳：2006：170］。また、軍による研究活動への干渉を避け、軍の影響から離れた場所に研究所を設置しようという考えもあったという［石井：2000：13］。

政治、経済、社会も含めた世界レベルの研究所という構想は、戦後を見据えてのことであったと思われる。早くから知久平は、軍需で拡大した中島飛行機も、戦争が終われば縮小せざるを得ないことを予期していた。1938（昭和13）年の武蔵野製作所の建設時に、知久平は「中島飛行機は戦争に勝っても負けてもつぶれる。勝てば飛行機はこんなにたくさん要らない。そうなったら低馬力の自動車工場にするより仕方ないだろう。」［加藤：1977：145］と語っていたという。それ以前にも、大量生産技術習得の意味もあったが、側近の佐久間一郎（1893-?）に欧米の自動車産業の視察をさせた※5。後述する巨大爆撃機「富

※4　武蔵野製作所と多摩製作所は隣接していたが、前者は陸軍機のエンジン、後者は海軍機のエンジンを制作した。1943（昭和18）年に生産性をあげるため武蔵製作所として統合された。

※5　佐久間一郎は、戦後の1946（昭和21）年に関東電気自動車製造（現 関東自動車工業、トヨタの子会社）を生地の横須賀に設立した［加藤：1977：195］。

嶽」も戦後に民間旅客機・輸送機への（技術）転用を視野に入れて開発したといわれ［碇：１９７９：１８８、２１７、２３５］、知久平は、政府保証融資による半強制的な戦争のための投資であっても、どこかに戦後の種を埋め込みたいと思っていたふしがある。三鷹研究所に関しても、目前の戦争のためだけではなく、戦後の方向性を示し発展する余地を見越して土地を購入したのであろう。軍部により、三鷹研究所が飛行機のみの研究所に矮小化されたことも、知久平にとっては織り込み済みであったと思われる。

三鷹研究所の起工式が、真珠湾攻撃が行われた１９４１（昭和16）年12月8日であったことは、スミス［１９９３：60］の言う通り「気味の悪い一致」であり、偶然とはいえ、この地の戦争とのつながりの深さを感じさせる。起工式に参加していた知久平は「「これで日本はダメだ……」と洩らした」［加藤：１９７７：１５２］という。政治的には皇道派に近く、中国への帝国主義的侵略に積極的な知久平であったが、日米開戦は予想していなかった［高橋：２００３：１８３-１８７、２００-２０８］。カーチス・ライト社のエンジンやダグラスＤＣ-２旅客機のライセンス生産などを通じてアメリカの工業力を肌身で感じていた、同席の中島飛行機の技師たちも暗澹たる気持ちになったという［前間：１９９１：２０３-２０５］。

研究所の建設は１９４２（昭和17）年から44（昭和19）年初夏にかけて、急ピッチで進められた［青木：１９９９：２０３-２０５］。知久平は、本館を「すべて外国から取り寄せた大理石を使い、世界に誇れる豪華な建物にしたい」［前間：１９９１：２０３］と考えていたが、軍部のみならず現実の状況もこれを許すはずもなく、コンクリート三階建ての簡潔な建物として１９４４（昭和19）年春に完成した。設計は、大倉土木の社員で後年、武蔵大学教授となる建築家加倉井昭夫であるという［牛田・高柳：２００６：１１８］。研究所の全建物を受

図３　戦後の三鷹研究所
１９４９年に撮影された航空写真。
（提供：国際基督教大学歴史資料室）

注したのは、武蔵野・多摩製作所建設で実績のあった大倉土木（現大成建設）で、これ以降、大成建設とこの地との関係は現在まで続くことになる。この時期は、招集のため現役大工がほとんどおらず、老大工の指導のもと素人の徴用工が建設を行った〔藤井：1999：26〕。この時、建設されたのは、本館のほか、本館より高さがあった一辺108m正方形の巨大な鉄骨作りの組立工場、板金工場、木工場、木造の物品倉庫数棟※6、食堂、診療所などであった〔牛田・高柳：2006：118〕。また、ロータリーを中心に台地上の土地を四分する、飛行機の移動を考慮した大きな道が作られ、現在のキャンパスの原形ができあがった。一説には、この4区画のうち、現在のSUBARU東京事業所の場所にエンジン部門（一部設備が建設された）、本部棟・中近東文化センター・東京神学大学の場所に海軍機体部門、国際基督教大学の学究エリアに陸軍機体部門を配置する構想であるといわれたが、陸軍と海軍の対立から海軍部門がこの地に来ることはなかった〔牛田・高柳：2006：114、170〕。

※6　そのうち現在の本部棟付近にあった一棟は、戦後、国際基督教大学によって改修され、「東林荘」と呼ばれるアパートメント型の教員住宅として使われた。

三鷹研究所の活動と終戦

三鷹研究所の活動は、1943（昭和18）年秋から終戦までのわずか2年弱に過ぎないが、その間に「富嶽」、「キ87高高度戦闘機」、「キ115剣」という3種類の飛行機に関連する開発が行われた※7。

全幅65m、6つのエンジンを搭載する超大型爆撃機「富嶽」開発の経緯は以下のようなものである。1942（昭和17）年のミッドウェー海戦およびガダルカナル島の敗北と、アメ

※7　より正確に記すと、三鷹研究所には陸軍機体部門と陸海軍発動機部門があり、陸軍機体部門はキ87とキ115「剣」の機体の設計製作、発動機部門は「富嶽」用のハ55、キ87用のハ44、陸軍四式戦闘機「疾風」や海軍戦闘機「紫電改」などに搭載されたハ45「誉」エンジンの改良型の開発を行った。（この部分は高柳昌久氏のご指摘によるものです。高柳氏のご指摘に感謝いたします。）

リカの戦略爆撃機の開発状況を知った知久平は、1944（昭和19）年秋にはB29による日本本土の爆撃が始まると予測した。そして、この2年の猶予の間に太平洋を横断できる巨大爆撃機を作ってアメリカ本土の工業地帯を爆撃し、有利な条件で講和を結ぶ以外に敗戦を免れる道はないという結論に達した。当初は、あまりに途方もない計画のため軍の賛同は得られず、1942（昭和17）年11月から中島飛行機の自主開発という形で開発が進められた［碇：1979：126-134］。基本設計完了後の1943（昭和18）年8月に、知久平は「必勝戦策」という図面つきの論文を書き上げた。論文を周囲に配布し説得するという得意のスタイルで賛同者を増やし、9月には試製富嶽委員会が設けられ国家プロジェクトとなった。三鷹研究所では、同年7月頃から富嶽用エンジンの開発がスタートし、本館完成後は2階に富嶽用エンジンの設計部門が設けられた。最盛期には200人弱が昼夜連続で開発を進めたという［前間：1991：430］。また、巨大な組立工場も富嶽を前提にしたもので［前間：1991：479］、「実物大の木型模型や、部分的な構造組立の作業が進行」［碇：1979：188］していた。しかし、1944（昭和19）年7月に富嶽計画の支持者であった東条英機内閣が総辞職すると、本土防衛の戦闘機の製造を優先するという理由で、8月に計画は中止となった［碇：1979：200］。全力を注いできた技師たちは、ひどく落胆したという。

キ87は、1942（昭和17）年11月にB29を迎撃する高高度戦闘機として太田製作所で開発が始まり、1943（昭和18）年秋に設計チームが三鷹研究所に移転してからは三鷹で開発が進められた。1945（昭和20）年2月に試作機が完成したが、1万m以上の飛行を可能にするための新エンジンや排気タービン（ターボチャージャー）、電動の後方引き込み脚な

図4　「富嶽」完成予想図
（提供：株式会社SUBARU）

どに起因するトラブルを解決できず、調布飛行場で脚を出したままの試験飛行を5回行っただけで終戦を迎えた［青木：1999：170、179］［竹中：2007a］。キ115「剣」は、戦局の悪化により中島飛行機の設計部門の統制が失われつつあった1945（昭和20）年1月頃から、三鷹研究所設計部により独自に開発された特殊攻撃機※8である。主翼にはジュラルミンが用いられたが、機体は鋼管、木材、ブリキ板などで作られ、離陸後に切り離す簡易な車輪がついていた。開発からわずか2か月後の3月に初飛行を行ったものの、陸軍のテストで性能不十分、改修が必要と判断され［青木：1999：179-196］［竹中：2007b］、設計部が4月に岩手県に疎開した後も、終戦まで三鷹で改良作業が行われたようである。キ87やキ115「剣」の設計は、本館3階の西側で行われた［牛田・高柳：2006：177、119］。2階西側は機体部品や治具の設計部門、1階は科学実験や作業スペースとして使用された［牛田・高柳：2006：120］。

4kmほど北東にある中島飛行機武蔵製作所が爆撃により徹底的に破壊され、隣接していた調布飛行場も爆撃により少なからぬ損害を受けたのに対して、三鷹研究所は、ほとんど無傷で終戦を迎えた。爆撃は受けたものの建物は直撃せず、本館や格納庫に戦闘機による銃撃があった程度であった※9［牛田・高柳：2006：127］［青木：1999：197］。敗戦の日、玉音放送が終わると、勝手に物資を持ち出す工員たち、窓から重要書類を投げ落とし焼却する人々などで、研究所は急にあわただしくなった。キ115「剣」も空き地で燃やされ［牛田・高柳：2006：178］、調布飛行場に放置されていたキ87は数か月後に、テストのために分解されアメリカに送られた［青木：1999：194］。こうして、この地には、主を失った巨大な建物のみが残ったのであった。

図5　キ87
組立工場（格納庫）前での撮影と思われる。機首側面に見えているのが排気タービン。（提供：株式会社SUBARU）

※8　主任設計者である青木は、キ115を、上陸用舟艇を爆撃して胴体着陸しエンジンを回収する爆撃機として設計したとする［青木：1999：181-185］。しかし、海軍は「桜花」や「秋水」と並べて本機を特殊機に分類している［第二復員局：1952：51］。

図６　キ１１５「剣」
（提供：株式会社ＳＵＢＡＲＵ）

※９　爆撃により防空壕の一つが崩落し、４名が亡くなった「牛田・高柳：２００６：１２７」。

第3章

国際基督教大学による土地買収 1945〜1949

戦争が終わった後、中島飛行機三鷹研究所は、連合国軍最高司令部（General Headquarters/Supreme Commander for the Allied Powers, GHQ/SCAP）の管理下に置かれたものの、実質的な管理は行われず、勝手に耕作する人や壕内に住みつく人など、この時期の日本の各地でよく見られた混乱と無秩序に支配された。しかし、別の場所で、またも壮大な「幻」が生まれ、この地に新たな形を与えていくこととなった。

戦後の中島知久平

中島知久平は終戦後も亡くなるまで泰山荘に住み続けた。1945（昭和20）年8月16日、知久平は鈴木貫太郎内閣の後を受けて成立した東久邇宮稔彦内閣の軍需大臣（8月26日以降は商工大臣）に任命された。しかし、東久邇宮内閣は在任50日の短命に終わる。以後、知久平は受難の晩年を送ることとなった。12月2日には連合国軍最高司令部からA級戦犯容疑者指定を受ける。高血圧と糖尿病を理由に収監を免れたものの、戦犯容疑が晴れる１９４７（昭和22）年９月まで泰山荘に軟禁状態に置かれ、娘の結婚式にも出席できなかった。知久平に対する東京裁判主席検事ジョセフ・キーナンの尋問も泰山荘で行われた。また１９４６（昭和21）年４月には、富士産業（中島飛行機を改称）が財閥解体の対象となった。財閥家族員に指定された知久平は全財産を管理下に置かれ［渡部：１９９７：４５５-４５６］、泰山荘で畑を耕す自給自足の生活を余儀なくされた。そうしたなかでも、娘が椎茸栽培のために木を切ると「この敷地は売却していて立木もＩＣＵのものなのだから一本たりとも木を切ってはいけない」と叱ったという［石井：２０００：12］。知久平自身は将来に楽観的であった。日本には工業力があるので復興すれば輸出で豊かになる［碇：１９７９：２２０］、飛行機製造も再開されると考え※1、ジェットエンジンや原子爆弾、米ソの動向といった世界情勢の勉強に余念がなかった［渡部：１９９７：４５６］。また、泰山荘書院廊下の南西の角に丸いテーブルを置き、藤の椅子にすわって構想をめぐらせ［石井：２０００：12］、来るべき日に備えていたのであった。しかし、１９４９（昭和24）年10月29日、元民政党の政治家松村謙三※2と泰山荘で面会中に脳溢血を起こし、その日のうちに65年の生涯を閉じた。この地に多大な影響を与えた中島知久平は現在も多磨霊園に眠っている。

国際基督教大学計画

一方で終戦直後から、キリスト教の復興やアメリカとのつながりなど、戦後初期の社会の

※1　知久平は米ソの戦争を予測し「銀行からいくらいわれても、工場の工作機械や材料、資材は絶対に売却してはいけない。4、5年たてば、マッカーサーがエンジンや飛行機をつくってくれと必ずいってくるから」［前間：１９９１：５６６］と技術者に語っている。これは部分的に朝鮮戦争で現実となった。

※2　松村謙三は、東久邇内閣後の幣原内閣で農相に任命され、第一次農地解放を主導した。この際、松村自身の土地も収用されている。

変化を先取りした、新しい大きな構想が動き出す。この計画は、日本中の多くの人の共感を得て、三鷹大沢の地に大きな変化をもたらすこととなる。

国際基督教大学の設立構想は、1945（昭和20）年9月11日に開かれた東京女子大学理事会に端を発する［アイグルハート：1990：21］。この会議において、戦後のキリスト教教育を検討する小委員会を理事会から独立して設立し、キリスト教教育への復帰、東京女子大学の総合大学化、ミッション・ボード（米諸会派の海外布教組織）との関係、という3項目を検討することとなった。この小委員会には、東京女子大学理事長、前早稲田大学理工学部長にして、国際的なスポーツ組織の指導者であった山本忠興（やまもと ただおき 1881－1951）が参加していた。「国際基督教大学現在の敷地は、山本の抱いた大胆な幻から生まれた」と山本の伝記に記されているが、山本なくして国際基督教大学はなかったといってもよい。

小委員会設立1か月後の10月に、アメリカから北米教会連盟協議会と北米外国宣教協議会の代表団が来日し、小委員会の主要メンバーと会談を行った。そのなかで日本側から東京女子大学の発展、もしくはキリスト教教育の中心となる新しいキリスト教の一流大学の設置、という二通りの計画、特に後者の希望が米側に伝えられた。

実は、キリスト教総合大学の設置は、1880年代から開戦直前まで日本の全国レベルのキリスト教関係の会議で何度も検討されてきたことだった。1854（嘉永7）年の開国以降、明治学院、立教、関西学院、同志社などキリスト教に基づく多くの高等教育学校が、宣教師とミッション・ボードの支援により設立されたが、日本においては1919（大正8）年に大学令が施行され、それに基づく認可が可能になるまでは、帝国大学以外は大学と認められ

図1　1936年55歳の山本忠興［山本：1953：扉写真］

ず、専門学校とされていた。帝国大学へ進学するためには、現在の学部1、2年の課程に当たる旧制高校もしくは大学予科を卒業する必要があり、専門学校から大学への直接の進学は認められていなかった。そこで、多くの「キリスト教教育者は、自分自身の大学、全キリスト教学校の中心となる立派な大学を創る以外に生き残る道はないと考えた」［アイグルハート：1990：38］のであった。1912（大正元）年にも男子対象のキリスト教の総合大学と、女子のための大学を設立する運動が起こり、総合大学計画は頓挫したものの、後者は合同ミッションの援助によって1918（大正7）年に東京女子大学として実現した（しかし公式には東京女子大学は女子専門学校であった）。こういった歴史的経緯により、東京女子大学理事会に出席した人々は、キリスト教教育全体を考える立場にもあったのである。大学令の施行以降、同志社（1920（大正9）年）、立教（1922（大正11）年）、関西学院（1932（昭和7）年）が大学として認可されたが、各校はすでに独自の組織と伝統を確立しており、連合や合併などによるキリスト教教育の中心となる高度な大学への改編は困難となっていた［アイグルハート：1990：28、39、88］。

一方、北米外国宣教協議会は、戦争で途切れた日本のキリスト教関係者との関係再構築を模索しており、代表団の新大学建設という帰国報告は格別の関心をもって迎えられた。また、1946（昭和21）年1月にヴァージニア州リッチモンドのジョン・マックリーン牧師（John A. MacLean）が広島と長崎の再建のための募金を呼びかけたが、これも北米外国宣教協議会との協議の結果、日本側が望む新大学設立計画と合同することとなった※3。こうして、1946（昭和21）年3月に、メソジスト教会のミッション・ボード幹部であるラルフ・E・ディッフェンドーファ（Ralph E. Diffendorfer 1879-1951）を中心に「日本におけるキ

※3　国際基督教大学キャンパスの正門から礼拝堂前の間の約600mの道路（通称、滑走路）は、アメリカ側での国際基督教大学設立運動のきっかけをつくったマックリーンの功績をたたえて、「マクリーン通り」と命名されている。

リスト教大学設立のための組織委員会」が設立［アイグルハート：1990：30］、日本でも1946（昭和21）年8月に、「国際基督教大学建設委員会」が組織され、国際基督教大学の設立に向けた体制が整った。

国際基督教大学の計画段階では、日本のキリスト教教育の頂点に位置する大学として、既存のキリスト教大学を超える高いレベルの大学および総合大学院［湯浅：1980：50］であることが繰り返し強調された。1946（昭和21）年8月に湯浅八郎（ゆあさ はちろう 1890-1981）はメモで「すべての面で第一級の教育機関でなければならない。学術研究の分野、学問レヴェル、威信の面で帝国大学に匹敵する大学であること」［アイグルハート：1990：35］を示し、11月に横浜に近い田浦で行われた基督教教育同盟会の修養会では、「キリスト教をはっきりと標榜し、高い学問的水準を持つこと…高いレヴェルの専門大学院を有し（中略）従来のいかなるキリスト教教育の計画よりも水準が高く、意欲的で想像力に富み、創造的なものにする必要性を認識すること…真に世界に目を向け、国際的で…男女共学であること」［アイグルハート：1990：42］などが示された。

建設地の選定

国際基督教大学の建設地が現在の三鷹大沢の地に決まるまで、様々な候補地が検討された。1946（昭和21）年3月に東京女子大学小委員会がアメリカの教育使節団に手渡した覚書では、埼玉県朝霞町の旧陸軍予科士官学校跡地、100万坪が建設予定地とされた（この土地は、戦後、米軍に接収され「キャンプ・ドレイク」となり、現在は陸上自衛隊朝霞駐屯地などになっている）。中島飛行機が三鷹に買収した土地が60万坪であったから、当初より壮大な計画であったことが分かる。前出の１９４６（昭和21）年８月の湯浅メモでは「大学所在地は、必ずしも東京や京都でなくてもよい。富士山麓に近く、日本の文化を象徴する山々をバックとして、かつ、世界を望む太平洋に近い場所などが好適地であろう」［アイグルハート：１９９０：35］としている。１９４７（昭和22）年１月の新聞報道では広島が候補地と報じられている（朝日新聞１９４７年１月15日）。１９４７（昭和22）年２月に日本側委員会に担当小委員会が設立され、本格的に用地探しが始まった。幸いなことに「基督教大学の大計画が世に伝わるや、その建設地誘致運動が各地におこり、候補地は十以上に及んだ」［山本：１９５３：２８１］。「沼津市は広大な敷地の提供を熱心に申し入れてきて、県当局の大幅な助成が望めることをほのめかした。（中略）西宮市の関西学院近辺にも広く魅力的な物件があり、そこに農学部が置かれれば、喜んで大学を誘致したいということであった。他の提案には営利目的を絡ませたものもあって、慎重な調べが必要」［アイグルハート：１９９０：49］という状況であった。後述する全国展開の募金キャンペーンの開始以前で、一万田や高松宮などの有力者とのつながりもなく、大学の具体的な計画がまったく固まってない初期の段階から、国際基督教大学計画への世間の関心は高かったのである。これは少なからず、条件の良い土地を手に入れる助けとなったことだろう。

　こういった土地を、国際基督教大学建設委員会の委員長であった山本忠興を中心に、実際に訪問し調査を行った。調査地には、平塚の海軍火薬廠跡地、藤沢の飛行場跡地などがあった［国際基督教大学広報課ＩＣＵ50年史編纂室編：１９９５：12］。中島飛行機三鷹研究所には

1947（昭和22）年「7月7日炎熱の日盛りに、山本が委員二名を伴って初の現地視察をした」［山本：1953：281］。山本は、ここが「一見して素晴らしい場所であることがわかり（中略）武蔵野台地のこの地こそ、ICUにふさわしい場所だという第一印象」［アイグルハート：1990：59］を受けた。山本は、この日の帰り道に、「土地は必ずしも広いとは言えないが、隣地の調布飛行場は約六十万坪の広さと言うが、これもいずれは不用になるであろうから、その時はこれをも包括して大学のものとすれば大体百万坪になる。そうすれば、まあ一応の施設には事欠かないであろう。その暁にはキリスト教大学を中心として国際的諸施設をここに集中完備したいものだ」と、遠大な抱負を物語った［山本：1953：281］。山本の第一印象は他の委員や海外の関係者とも共有され、翌1948（昭和23）年3月に、アメリカ側の資金援助を裏打ちに正式に建設地として内定した。

大胆な募金活動

建設地が三鷹に決定した委員会の席上で山本は、三鷹研究所の「対価は約一億円程度であろうが、これは日本国内で調達して、敷地の費用位は日本人側から出したい」と、驚愕の計画を平然と打ち出し、承認された［山本：1953：282］。現在の物価で言えば数十億円にもなる額で、それを食うや食わずの戦後の混乱期に1年程度の期間に寄付で集めようというのであるから（当初、開学は1950（昭和25）年春に予定されていた）、提案する人にも承認する側にも驚かされる。しかも、募金目標額を5000万円増やして1億5000万円と決議したのであった［山本：1953：284］。

当初は、委員たち自らで寄付を行い4月の時点で100万円となったが、目標額には程遠かった。そのため山本らは後援会を設立し有力者を会長に迎えることを考えた。山本は、建設委員の一人で紹介者の実業家七代目森村市左衛門（もりむら いちざえもん 1873-1962）※4とともに、日本銀行総裁で「法王」と呼ばれた一万田尚登（いちまだ ひさと 1893-1984）を日銀総裁室に訪ね、会長就任を懇請した。一万田は国際基督教大学計画の意義を理解し、その場で快諾した。後日のあいさつなどを見ると、一万田は、新生日本の精神的拠り所、日米両国の親善への貢献や、貿易立国として国際的信用を得るために必要な外国との関係構築、国民のキリスト教的教養の形成、といったところに国際基督教大学の国家的な意義を感じていたことが分かる［武田：2000：70］。帰路、山本は森村に対し「これで今度の募金は既に成功したのも同然だ」と漏らしたが［山本：1953：284］、これはまさにその通りとなった。副会長に東西の経済連合会会長、相談役に芦田均首相、片山哲前首相、衆参両院の議長、評議員に全国諸大学の学長、大銀行の頭取、商工会議所会頭、大新聞社長が名を連ね、支部長には全国の県知事、銀行頭取、商工会議所会頭らが就任した国際基督教大学建設後援会は、「日本国の政財学界をあげての未曽有の大募金運動」を実現させたのであった。後援会は、銀行や商工会議所などに府県別の支部を設置し、東京3500万、大阪2000万など当時としては非常に高額の募金目標金額を定めた［武田：2000：71］。当時同志社大学総長であった湯浅八郎は、総長の月給よりも大きな金額を割り当てられ、膨大な専門蔵書を売って支払ったという［湯浅：1980：54］。当時の募金状況を伝える『国際基督教大学建設通信』を見ると、圧倒的に多いのは企業からの寄付である。日本銀行が1

※4 「森村市左衛門」は、武具商人であった森村家の歴代当主が名乗った名前である。有名なのは六代目（1839-1919）で日本陶器（現ノリタケ）、日本ガイシ、東洋陶器（現TOTO）などを設立した。一万田を紹介したのは七代目の森村開作であった。

再建費を停止
対華援助・ホ長官発表
国際キリスト教大学建設募金
第一銀行
天声人語

図2 第一銀行出稿の国際キリスト教大学建設募金広告
この日のトップ記事は、東京裁判で絞首刑となった7人の死刑執行のニュースだった。［朝日新聞1948年12月23日］

00万円、各都市銀行が50万円ずつ寄付を行っているのをはじめ、日本郵船、東京瓦斯、日立製作所といった大企業、地方銀行から地場の中小企業まで、幅広く寄付を行っている［財団法人国際基督教学園：1949a、1949b］。建設通信の第4号［財団法人国際基督教学園：1949c］にエッセイを寄せた「T・K生」氏は、寄付を集めるために東京の会社300社以上を訪問したと言う。天皇・皇后や高松宮からの寄付もあった。変わったところでは、日本野球連盟によるキリスト教大学建設資金募集の東西対抗試合（現在のプロ野球オールスターに相当）が、1948（昭和23）年11月30日に神宮球場で行われたこともあった（朝日新聞1948年11月29日）。

そして、大学設立の意義が政財界だけでなく、広く市井の人々にも共有されたことも特筆されるべきであろう。「日本のいろいろの地方の小学生や中学生たちが、あめ玉を買う小遣をも節約して」寄付してくれた［湯浅：1980：52］、「幾つかの府県では、全公立高校が生徒一人につき10円を募って運動に参加」した［アイグルハート：1990：77］、「早稲田大学の学生数名がアルバイトで得たものの中から寄附して下さった」といったものが積み上がり、1948（昭和23）年10月の募金開始からわずか1年8か月後の1950（昭和25）年7月に目標の1億5000万円を突破、51年夏には1億6000万円となったのであった［武田：2000：72］。

今となっては国際基督教大学の意義が広く国民に共有されたという事実は理解しにくいが、この背景には当時の時代背景が強く働いていたと考えられる。第一に、敗戦により戦時中の価値観が全面的に否定されるなか、戦後日本のありうべき理念としてキリスト教への期待が高まったことがある。実際、朝日新聞全国版で「キリスト教」を含む記事を検索すると、1

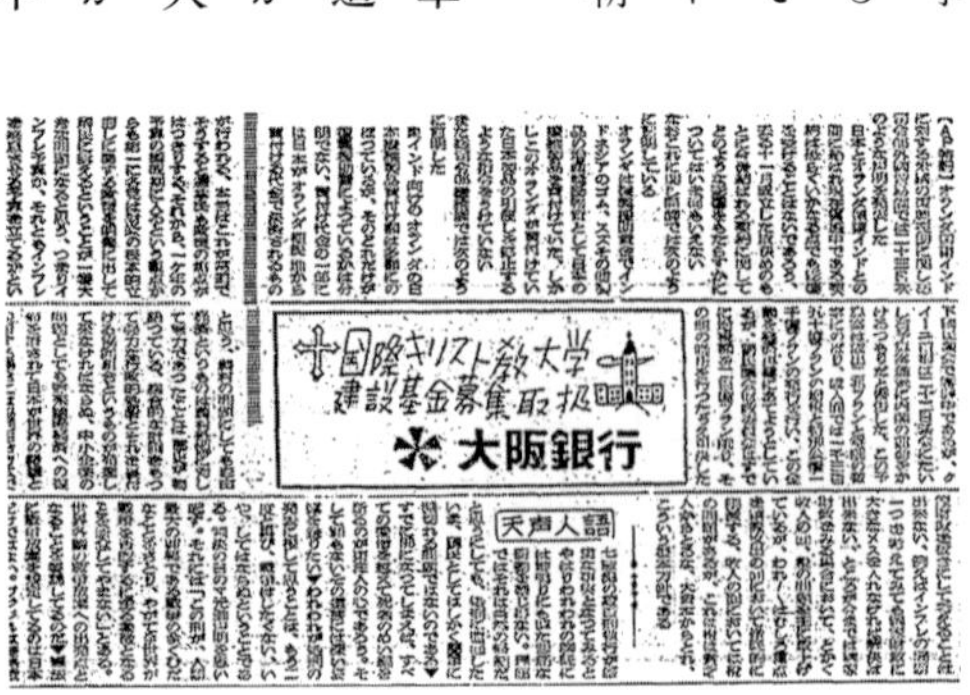
国際キリスト教大学
建設基金募集取扱
大阪銀行
天声人語

図3　大阪銀行出稿の国際キリスト教大学建設募金広告［朝日新聞1948年12月24日］

945〜49年は72件（うち7件が国際基督教大学に関するもの）、50〜54年は49件（6件）、55〜59年は29件（0件）と終戦直後の期間が多くなっている。また、その内容も後年になるほど西ドイツの政党であるキリスト教民主同盟など海外の政治情勢に関連した記事が多くなるのに対して、終戦直後はキリスト教と日本のあり方に関するものが多い。たとえば1945（昭和20）年9月26日の朝日新聞で「日本人の再教育　公民学の課程緊要　民主主義化に15年」と題された記事では、「彼らはキリスト教的指導も民主主義的方法も持たないが、これを吸収することは出来る」という連合国軍最高司令部教育部長のハロルド・ヘンダーソン少将の発言が伝えられている。また、1947（昭和22）年1月13日朝日新聞の「日本管理政策の理念」と題された記事では、マッカーサー(Douglas MacArthur 1880-1964）の「キリスト教の基本的信条たる寛容と公正とは日本管理政策のすべての基礎をなす理念」という書簡の言葉が報じられている。現在からみると傲慢とも見えるが、アメリカ側から滲み出るキリスト教的な理念こそ戦後日本の新たな指針となるものであると考え、呼応した日本人も少なくなかった。キリスト教徒が大幅に増加し（朝日新聞1947（昭和22）年1月22日）、湯浅八郎や矢内原忠雄など戦時中はその活動が制限されていたキリスト教徒の知識人も表舞台に復帰し注目を集めた。1948（昭和23）年1月の国際基督教大学研究所（大学認可のための教員等の予科組織）の開所式で、高松宮は、「わが国が国際社会の一員として、他の国々と手を取り合って歩んでいくためには、……キリスト教文化である西洋の文化を十二分に理解し、かかる文化が普遍性を象徴していることを、しっかり学ぶことが肝要であります」［アイグルハート：1990：58］とあいさつを行っているが、これは、まさに当時、国際基督教大学に対して日本国民が抱いた期待を表したものであったと言えよう。

図4　大和銀行出稿の国際キリスト教大学建設募金広告［朝日新聞1948年12月30日］

第二に、この計画の背景に、アメリカの巨額の資金援助があるという期待を一部の人々が抱いたことである。実際、「日本の新聞に載った記事には、（中略）最終目標額五〇〇〇万ドル、第一次目標額一五〇〇万ドルという突拍子もない数字が噂された。だが、アメリカ側委員会でそのような計画を立てたことはなかった」［アイグルハート：1990：62］。一万田は、アメリカ側の寄付計画と実際の寄付金の提供とが一致しない可能性を踏まえ、「アメリカの募金運動が確実であると断言するのを避けた。そして常に、何らかの行動がとられているというほどの言い方をしていた」が、かえって、新聞記者や一般読者の期待を次第に膨れ上がらせる要因となった。そして、最高司令官総司令部による言及や、一万田をはじめとする要人の存在自体が巨大な計画の現実性を裏打ちしていたように見えたことだろう。しかも経済が疲弊していた終戦直後のことであるから、巨額の資金援助への期待はさらに大きなものになった。また、資金が巨額であるということ自体、まったく新しい変革を迫られた日本社会にふさわしい「すごいもの」ができるという、ある種の単純な期待を人々に抱かせたことだろう。

国際キリスト教大学建設募金
・只今取扱中・
協和銀行
天声人語
予想難の激戦
四月から船舶の定期用船へ

図5　協和銀行出稿の国際キリスト教大学建設募金広告
各銀行出稿の募金広告を並べると「法王」と呼ばれた一万田の権威がうかがえよう。［朝日新聞1948年1月14日］

第4章

困難を乗り越える　1948〜1951

日本における国民的な募金活動の成功により順調なスタートを切ったかに見えた国際基督教大学設立計画であったが、北米での募金活動の不調や農地改革に伴う土地買収交渉の難航など、開学までに数々の困難に直面することとなった。今や、終戦直後の新しい理想を素直に信じることができた時は終わり、朝鮮戦争や農地改革の実現に関する問題などの現実が立ち現れつつあった。幻の実現のためには、これらの現実と対峙することが求められたのであった。

北米の募金活動とディッフェンドーファの死

大方の予想を超えて、日本での募金活動が大きな成功を収めたのに対し、期待されていた北米[※1]での募金は数々の困難に見舞われた。日本では、1億5000万円の募金目標額を決定したのが1948（昭和23）年3月［山本：1953：284］、一万田が後援会会長に

※1　カナダ合同教会も含まれているため、「北米」という言葉が使われる［アイグルハート：1990：70］。

なって募金活動が本格化したのが10月、目標額を突破したのが翌1949（昭和24）年7月［武田：2000：365］と、募金活動は極めて迅速に行われた。しかし北米では、日本側より1年早い1947（昭和22）年1月に募金の決議を行ったにもかかわらず、なかなか実際の募金活動に着手できずにいた。これが日本と北米の明暗を分けることとなった。

北米において意思決定に時間がかかったのは、主にその組織構造に起因する。国際基督教大学計画を支援した北米教会連盟協議会と北米外国宣教協議会は、いずれもプロテスタント各会派もしくはミッション・ボードの連合組織であり、この二団体が募金決議と同時に設立した「日本基督教大学設立合同委員会」であっても「親団体の承認を求めないことには重要事項を自由裁量で決めることができなかった」［アイグルハート：1990：50］。さらに、各会派がそれぞれ戦前の日本に設立した既存のキリスト教大学との関係も考慮する必要があった。既存大学への支援強化、吸収合併、カリキュラムを補完し合う学問上の合併、学位授与と評議委員会だけで結ばれた「連合」大学構想、など、日本と北米双方で様々な意見が出て、方向性を見出せぬまま時間が経過することとなった。特に既存の大学と連携する構想は、関西学院大学学長であった神崎驥一とハワード・アウタブリッジから繰り返し提出された。1949年春、最終的に、新大学の施設や設備を他のキリスト教大学の教員・学生が利用可能とする等の条件を織り込み、単独の新しい大学を設置することとなった［アイグルハート：1990：44-47、49、52、82］。

募金活動と大学の組織づくりが実際に動き出したのは、より独立性のある組織として1948（昭和23）年5月に日本国際基督教大学財団（Japan ICU Foundation　以下JICUF）の設立が決まった時からである（正式な発足は11月［アイグルハート：1990：64、70］）。この財団が、現在に至るまで70年以上にわたって北米における国際基督教大学の募金活動を担うこととなった。１９４８（昭和23）年夏には募金の目標額を土地と建物で７００万ドル、基金に３００万ドル（後に各５００万ドルに変更）の計１０００万ドルと決定し、12月に翌年春に募金運動をスタートさせることを決定、メソジスト教会ミッション・ボード主事のラルフ・E・ディッフェンドーファ（Ralph Eugene Diffendorfer １８７９-１９５１）を会長に、シラキュース大学教育学教授のモーリス・E・トロイヤー（Maurice E. Troyer １９０３-１９９７）を教育プログラム立案担当に任命し「猛烈な勢いで」計画づくりを始めた［アイグルハート：１９９０：75］。

ディッフェンドーファは、オハイオ州の小さな町の農民の子として生まれた。母が先生をしていた教会の日曜学校で、アフリカで探検と宣教を行ったリビングストン（David Livingstone １８１３-１８７３）についての話を聞き感動したこと、また大学進学を勧められたことは彼の人生に大きな転機をもたらした。メソジスト系のリベラルアーツ・カレッジであるOhio Wesleyan Universityを１９０２年に卒業した後、ドリュー神学校（Drew Theological Seminary）を経て牧師となり、メソジスト教会青年組織、北米伝道教育運動、メソジスト監督教会ミッション・ボードなど、メソジストの教会組織の職員や役員を歴任した。さらに、戦前、南京大学と南京神学校の理事長と、中国キリスト教大学連合理事会の理事長を務めていたことは特筆されよう［MINUTE：1951］。国際基督教大学計画では、北米教会連盟協議会と北米外国宣教協議会が計画を承認する際に感動的な呼びかけを行い、各会派への募金割り当てを実現すべく最初に出身のメソジスト教会に募金割り当てを了承させるなど［アイグルハート：１９９０：54-55］、当初より中心的な役割を果たしていた。日本において山本忠興

図１　ディッフェンドーファ
ディッフェンドーファ記念館のロビーに掲げられている写真と同じもの。
（提供：国際基督教大学歴史資料室）

図２　トロイヤー
（提供：国際基督教大学歴史資料室）

がそうであったように、北米ではディッフェンドーファの「スパークプラグ」とも形容される［Reid：1949］強力なリーダーシップと人々を動かす力が計画を前進させていた。この二人は年齢も近く、ともに70歳前後であったにもかかわらず、この新大学設立計画の実現に人一倍強い情熱をもって取り組んだ。トロイヤーは、1903年イリノイ州に生まれ、オハイオにあるメノナイト派のリベラルアーツ・カレッジを卒業後、オハイオ州立大学で博士号を取得し、教育学者として活躍していた［Who's：2800］。

1949（昭和24）年4月、JICUFは、PR会社であるタンブリン・アンド・ブラウン社（Tamblyn and Brown 以下T&B社）と、一般大衆向けのPR方法の考案と後援者名簿の収集、オプションとして募金運動の管理と組織化をも含んだ契約を結んだ。そして、T&B社の意見に従い、募金開始を1950（昭和25）年5月とし、1年の準備期間を置くこととした［アイグルハート：1990：85］。その後、ディッフェンドーファとトロイヤーは、1949（昭和24）年5月に日本を訪れ、6月末に帰国するまで精力的に仕事をこなした。二人は、一万田、昭和天皇と会見するとともに、名誉募金委員長就任の内諾を得ていたマッカーサーと数回にわたる会談を行い、これをまとめたものをマッカーサーの言葉として北米向けパンフレットに掲載した［武田：2000：75-76］。また、各地のキリスト教大学を歴訪し、連合大学構想の実現は困難であること、大学院進学には十分とは言えない既存校のレベルを把握した。さらに、文部省の認可基準により大学院設置には学部が必要なこと、1946（昭和21）年の米教育使節団の日本の大学教育に一般教育が欠けているというレポートも踏まえ、リベラルアーツ・カレッジの構想に至った［アイグルハート：1990：88］［武田：2000：34］※2。この構想は、国際基督教大学計画の関係者が御殿場のYMCA東山荘に一堂に会

※2　トロイヤー（とディッフェンドーファ）がリベラルアーツ・カレッジの構想を抱いたのは、武田の指摘通り、アメリカ教育使節団が連合国軍最高司令部に1946（昭和23）年3月に提出した日本の教育に関する報告書もきっかけであることは間違いない。しかし、そこで指摘された「一般教育」を実現する形としてリベラルアーツ・カレッジを採用したのは、トロイヤーとディッフェンドーファ自身がリベラルアーツ・カレッジを卒業していることも影響していると思われる。

した1949（昭和24）年6月15日の御殿場会議で承認され、公式のものとなった。現在の国際基督教大学の骨格はディッフェンドーファとトロイヤーの2か月の訪日の間に形成されたのである。東京大学を念頭に8学部の総合大学を構想し、その準備組織として国際基督教大学研究所を設立、すでに研究生を受け入れていた日本側の委員会は反対したものの、リベラルアーツ・カレッジ構想と相容れない研究所は解散することとなった。この時以来、山本忠興ら有力な委員がこの計画から距離を置くようになった［アイグルハート：1990：101-104］［山本：1953：285-287］［都留：1993：7-23］。

このような事態となった背景には、ディッフェンドーファの強力なリーダーとしての人格、別の言い方をすれば強引さがあったように思える。JICUFには、議事録の修正をめぐるディッフェンドーファと理事のシェイファー（Luman J. Shafer）との緊迫した手紙とメモのやり取りが残されている。1950年1月に湯浅とヴォーリズが訪米して提案した土地利用計画を、その資金を担うJICUFが承認するのか、が問題となったのである。戦前にフェリス女学院の院長を務め、北米外国宣教協議会日本委員会委員長として1945年10月に来日し日本側と最初に接触していたシェイファーは、1949年の日本での決定を含めてディッフェンドーファの物事の進め方が強引だとして慎重な対応を求めたのに対し、ディッフェンドーファは、あくまでも計画は日本側で決められるべきだと主張し、会議での一部のやり取りは個人的なものにすぎないと一蹴している［Diffendorfer：1950a］［Diffendorfer：1950b］［Shafer：1950］。その後のJICUFの動きを見ると、結局、この議論はディッフェンドーファが押し切る形となったと言えるだろう。

1950（昭和25）年4月に、いよいよ北米での募金運動がスタートしたが、6月に報告された結果は惨憺たるものであった。「プロモーション活動の報酬や経費にすでに60万ドルが支出され、それに引きかえ、申込を取りつけた募金額はたったの8万5０００ドル」という状況であった［アイグルハート：１９９０：１２０］。この背景には、極東での戦争の懸念があり、それは6月に始まった朝鮮戦争で現実のものとなった。ディッフェンドーファは次のように説明している。すなわち、アメリカ国民には、第二次世界大戦の際に中国に援助した大量の武器や物資、すべてのキリスト教学校が共産軍に奪われたという忘れられない体験がある。そして、中共軍やソヴィエトがいずれ日本を侵略するであろうから、援助を行っても中国と同じように無に帰すのではないかと、多くの人が考えているというのである。さらに7月には、長老派教会の熱心な信徒にしてT&B社の社長であったクロスビー・ブラウンが心臓発作で亡くなり、その後の募金運動はディッフェンドーファらJICUFのメンバーが中心となって運営していかざるを得なくなった。

日本における大学建設の現場では、是が非でもアメリカの募金を必要とする状況があった。日本で達成した1億6０００万円は、1億2５００万円を土地の買収費として使い、残りを新大学の基本財産としたため、校舎の建設費と日々の運営費は、北米の募金によって賄われることになっていたのである。このため募金の滞りは、まさに死活問題となった。JICUF職員の給与にも事欠く状況で、１９５１（昭和26）年初頭の本館改造の工事契約も危ぶまれたが、支援各会派に緊急支援を求めて何とか契約を行うことができたのであった［アイグルハート：１９９０：１２１-１２５］。

１９５１（昭和26）年1月18日にディッフェンドーファは募金不調の責任をとってJICUF会長を辞任、専任の副会長となって学務計画や校舎の建設、募金運動に今まで以上に注力し始めた。1月31日、「ディッフェンドーファは、トロイヤー、湯浅八郎と昼食を共にした後、湯浅八郎と二人で事務所に向かった。」「二人は事務所のあるビルに着き、エレベーターに乗った。ディッフェンドーファは、オペレーターの腰掛けに座って休んだ。三階辺りを上昇中、彼の書類鞄が落ちたので、湯浅八郎が拾って振り向くと、ディッフェンドーファの様子は急変していた。」［アイグルハート：1990：127］これがディッフェンドーファの最期となった。「ディッフェンドーファは、その晩年を文字通り生命を賭して、ICUのために捧げつくした。」［アイグルハート：1990：128］こうした経緯から、1958（昭和33）年に完成した学生会館は当初よりディッフェンドーファ記念館（通称D館）として、彼の生き方と国際基督教大学への貢献を記憶に留め置くことに留意して設計された。本館と向かい合う形でアーチ型の壁を設け、記念の噴水が引き立つ設計となっている。

その後、募金運動は、長老教会の総主事で副会長のスミス（John Coventry Smith）を中心に、湯浅八郎、ハーパー・シブレー夫人（Georgiana Farr Sibley＝Mrs. Harper Sibley 1887-1980）、数多くのボランティアが地道で忍耐強い活動を行った。「一回ごとの寄付の額は小さく、全く自発的で個人的な寄付だった結果、予測が立てられず、前途の保障もなかった」が、少しの寄付が集まると送金し綱渡りのような資金繰りで、大学の運営費や、食堂、住宅、学生寮など最初の10年に建てられた多くの建物の建設費を賄った［武田：2000：79］。寄付の総計は、大学設立10年の1963（昭和38）年までに800万ドルにもなった［アイグルハート：1990：131］。

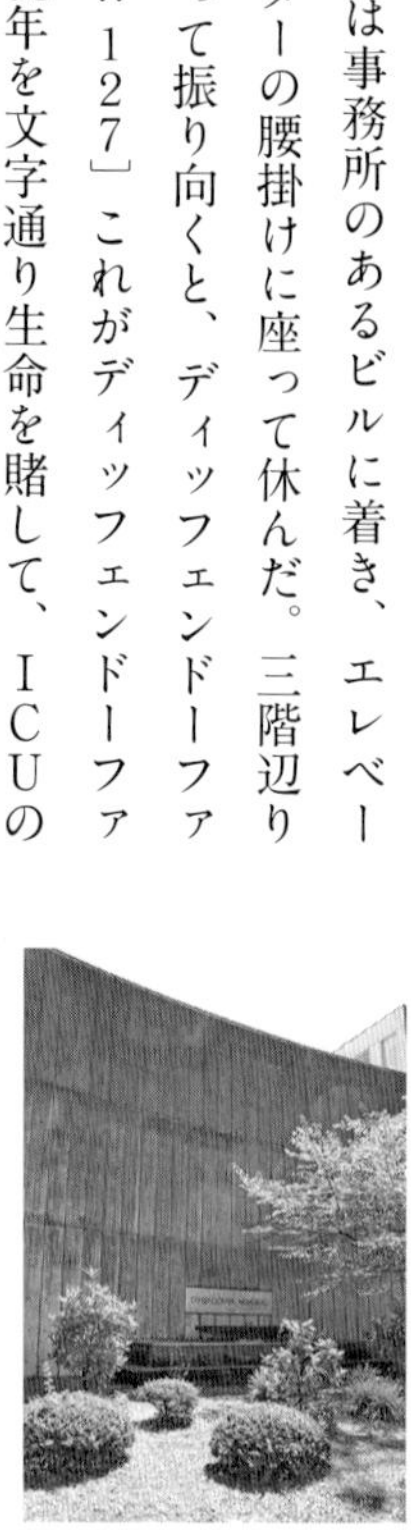

図3　D館北側のアーチ壁

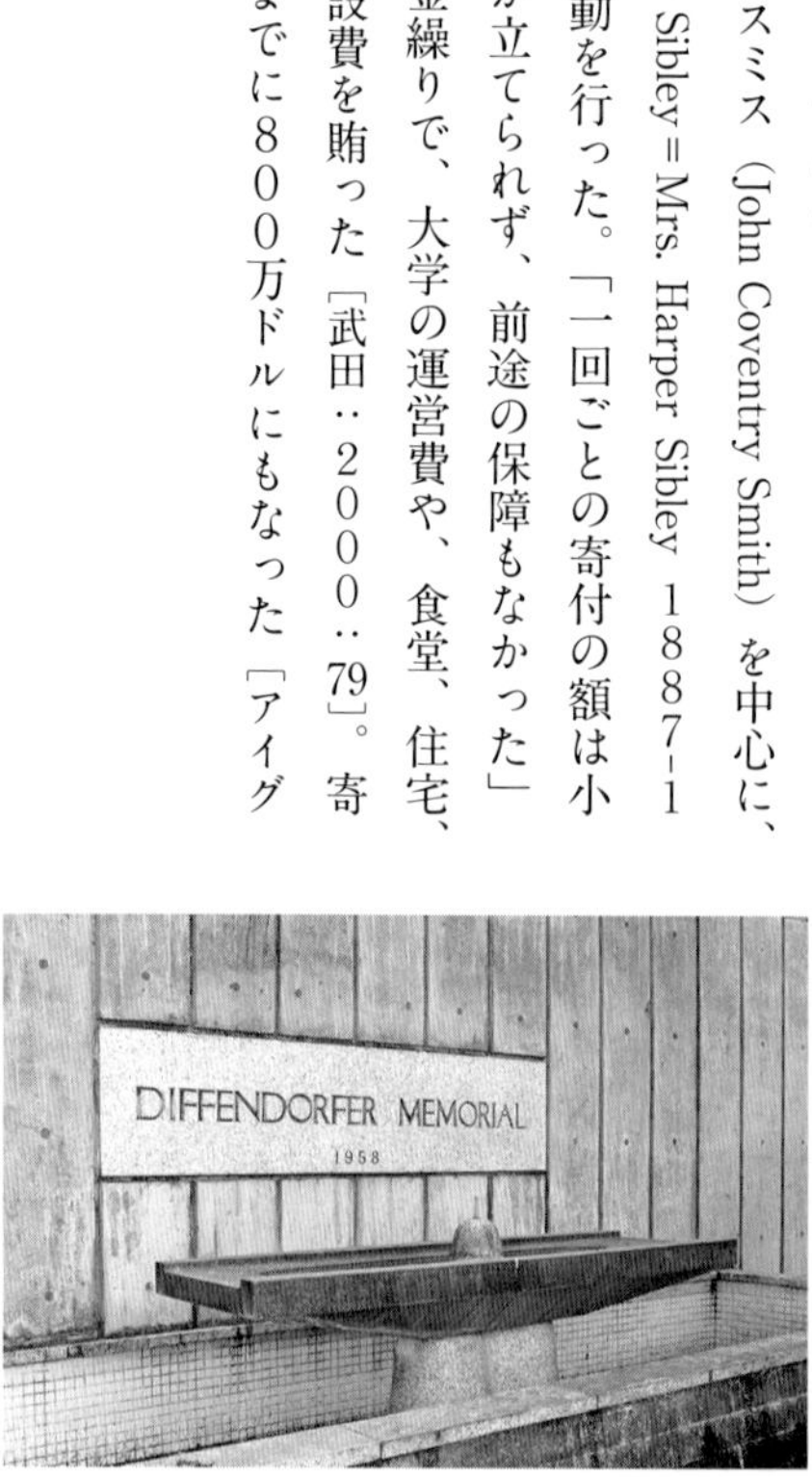

図4　D館北側の記念の泉

土地買収の困難

三鷹キャンパスの土地買収交渉は、1948（昭和23）年3月27日に大学建設地として正式に決定される5日前に、富士産業（中島飛行機の改名会社）とともに三鷹町農地委員会に出席することから始まった。市町村農地委員会は農地改革を実施する組織として改正農地調整法に基づき、1946（昭和21）年12月の選挙により設立されていた［合田：1997：39、44、54］。農地委員会委員長は、「言葉荒く、土地の広すぎること、農地法の趣旨を説いて」国際基督教大学側に善処を迫り［国際基督教大学広報課ICU50年史編纂室編：1995：21］、当初より、難航が予想された。

本来、土地の売買は所有者である富士産業との交渉で完結するはずだが、戦後の混乱と農地改革が事態を複雑にしていた。1946（昭和21）年1月20日に連合国軍最高司令部は、中島飛行機三鷹研究所も含む全国389の航空機関連工場を管轄下におき［SCAP：1946a］、管理は日本政府が行うとする指令を出した。この指令は賠償として戦勝国に旋盤などの工作機械を供出することを目的としていた（いわゆる賠償指定）。このため、機械の管理に重点が置かれ［SCAP：1946b］土地に関してはあまり管理が行われなかったと推測され、大規模工場に比して機械類が少なかったであろう三鷹研究所は管理の優先順位が低かったのか、その経緯は不明だが、日本政府はこの地に対する管理はほとんど行わなかった。

当時の深刻な食糧難、住宅不足を考えれば、少なからぬ人々が、管理者不在のこの地で不法に耕作を行い居住したのも無理からぬことであった。また、農地改革の実施を見越して耕作の実績を作り土地を入手しようとした人も存在した。こうした人々も農地改革の恩恵を受けるのかが焦点となった。三鷹町の農地委員会には、強制的に自作農を増加させる農地改革の実施を背景に、つい7、8年前に不本意ながら土地を売却せざるを得なかったこの地区の農民の土地を取り戻したいという意向も反映されていたであろう。

当時予定されていた１９５０（昭和25）年の開学のためにどうしてもこの土地を入手する必要があった日本の国際基督教大学建設委員会は、占有者と交渉を行うとともに、市町村農地委員会の上部に位置する都や、絶対的な権力の座にあった連合国軍最高司令部にも働きかけを行った。その結果、連合国軍最高司令部の全面的な支援が得られることになり、その意向に基づき農林省、文部省、東京都、三鷹町農地委員会の協力も取り付け、関係する農地を国が買い上げ大学に売却するという、農地改革と似たスキームで買収が行われた※3。また、法的には必要なかったと思われるが、離作者２５４人には3年分の収穫高と等価の補償金を、敷地内の旧壕内に住んでいた22世帯、約１００人には転出の補償費を支払い［アイグルハート：１９９０：１１５］［山本：１９５３：２８３］、占有者に対する配慮を行った。政治的働きかけが成功したのは、日本の民主化を考える上で国際基督教大学計画が重要であると連合国軍最高司令部の幹部が考えていたこと［武田：２０００：69］、国際基督教大学建設委員会には宮城女学校の前校長クリーテ（C. D. Kriete ?-１９６２）などアメリカ人が含まれており（クリーティが１９４８（昭和23）年9月に最初に連合国軍最高司令部幹部と接触している［国際基督教大学広報課ＩＣＵ50年史編纂室編：１９９５：33］）北米とのつながりがあったこと、都や政府に関しては委員長の山本忠興をはじめとして有力者がいたこと［山本：１９５３：２８３］、

※3　富士産業とも契約が結ばれ支払が行われているので、国が買い上げる形態をとったのは一部であったと考えられる。

があったと思われる。

また、こういった政治的折衝のみならず占有者との交渉なども行ったのが、1947（昭和22）年2月に国際基督教大学の最初の事務職員として着任した羽鳥又男（はとり またお 1892-1975）と1948（昭和23）年12月に着任した細木盛枝（ほそぎ もりえ 1892-1984）だった。羽鳥は前橋の北に位置する群馬県勢多郡富士見村に生まれ、高等小学校を卒業後、地元の小学校教員となったが病気のため退職、1916（大正5）年に親戚を頼って台湾に渡り総督府職員となった。その後、急速に出世し、1942（昭和17）年には台南市長に抜擢され終戦までの間、市長を務めた。在任中、市民が大切にしてきた孔子廟から神棚を撤去し修理を行うなど、軍部の反対を押し切って古都、台南市の歴史や文化を大切にする施策を行い市民に大いに感謝された。現在、その業績を称える銅像が台南に設置されている［羽鳥a］。

細木盛枝は、高知県出身、東京大学法学部を経て東京市職員となった。関東大震災後、同潤会理事になり、日本初のアパート「代官山アパート」などの建設に関わった［日外：1988］。彼ら二人の官庁や公的機関で培われた行政能力と見識は、土地買収をはじめ、その後の大学認可、運営など国際基督教大学の発展に大きく寄与したのであった［アイグルハート：1990：58、61］［羽鳥a］。

紆余曲折を経て、1950（昭和25）年夏に、現在の府中運転免許試験場、武蔵野公園、野川公園、アメリカン・スクール、SUBARU（元富士重工）東京事業所、元安田信託銀行グラウンド（現建売分譲地）、中近東文化センターなどを含む、広大な土地の引き渡しが完了した。しかし、中島飛行機時代の買収による立ち退きと農地改革を阻止した記憶が生々し

図5 羽鳥又男
（提供：国際基督教大学歴史資料室）

図6 細木盛枝
（提供：国際基督教大学歴史資料室）

く残っていた創立期には、離農した人々を雇用するなど〔武田：２０００：73〕、国際基督教大学は引き続き周辺住民に対する配慮を行った。そういった配慮が、周囲の住民が自由に出入りできるよう柵や門を作らず〔都留：１９９３：59〕、校内の林で、燃料となる落ち葉や枝などを自由に拾うことを認めるなど〔川口：２００７：20〕、結果として開かれたキャンパスを形成することとなったのである。

第5章 二人の建築家

1948（昭和23）年3月に三鷹大沢の地が新大学のキャンパスに内定し、1949（昭和24）年5月の御殿場会議で新大学の基本的な構想がまとまると、JICUF理事会はすぐにキャンパスの建設に着手、キャンパス全体の計画や校舎の設計を行う主任建築家※1を任命することとした。候補に挙がったのは、その人間性、人生、建築の作風、あらゆる点で対照的な二人の外国人建築家であった。

二人の主任建築家候補

1949（昭和24）年5～6月の日本訪問から帰国したディッフェンドーファは、7月25日、26日の2日間、ニューヨークのJICUF事務所で集中的に開催された理事会に臨んだ。この理事会では、昭和天皇との接見や御殿場会議など、日本におけるディッフェンドーファらの活動報告と、湯浅八郎を学長とする決定や東京事務所の開設など1951（昭和26）年に

※1 当時、実際に使われた言葉はsupervisory architect [Diffendorfer：1949]、supervising architect [Vories：1949] であり、日本語に訳せば、「監督建築家」となるだろう。一方でレーモンド［2007：255］は「主任建築家」の語を用いている（元となっている英文は確認できなかった）。初期の国際基督教大学における建築家の役割は、マスタープランから個別の建物まで、大学の建築に関連するあらゆる業務を、自ら設計して担うことにあり、個別の建物は別の建築家が設計を行い、キャンパス全体の計画を担う建築家がそれを監督するといった、監督と実際の設計の二重の配置ではない。この事実から、本書では、以下で「主任建築家」の語を用いることとする。

予定されていた開学に必要な、様々な事柄の討議と投票が行われた。キャンパスの建設を主導する主任建築家の選定もこの会合で行われている。候補に挙がったのは、日本に大きな足跡を残した二人の外国人建築家、レーモンドとヴォーリズであった。レーモンドは、1948（昭和23）年12月にJICUFのフィーサー（James L. Fieser）※2に対して三鷹キャンパスの構想を述べている。ヴォーリズは、1949（昭和24）年5～6月にディッフェンドーファと三鷹の土地を視察し意見を述べていた。以下に記すように、二人のそれまでの活動を踏まえれば、アメリカと強いつながりを持つキリスト教大学の建設を考える際に二人の名が挙がるのは、ごく自然な成り行きであった。この点で同じような立場にいたヴォーリズとレーモンドであったが、その極めて対照的な人生を反映してか、キャンパス建設に対するアプローチはまったく対照的なものとなった。

レーモンド

アントニン・レーモンド（Antonin Raymond 1888-1976）は、オーストリア・ハンガリー帝国の支配下にあったチェコはボヘミア地方、プラハの北西25キロに位置するクラドノに生まれた※3。

図1　レーモンドと所員たち
1934年に事務所があった銀座聖書館の屋上で撮影されたもので、後列中央がレーモンド。当時、所員であった吉村順三（前列右端）、前川國男（前列右から3番目）の姿も見える。［レーモンド：1935］

父母ともに農民の子であり、父はポンプや農機具を近隣に売るセールスマンであった。アントニンは二人の姉に続いて生まれた長男で、その後3人の弟が生まれた。飛び級で5歳の時に初等学校に入学、成績は優秀で、担任教師の影響もあり、6歳の頃から建築家を目指した。10歳で母を亡くし、その後、父親の収入が減ったことから家を売ってプラハに移り、苦学してプラハ工科大学を卒業した。レーモンドは在学中にフランク・ロイド・ライト（Frank Lloyd Wright 1867-1959）の作品集に夢中になり、「臆病なヨーロッパでは、当分の間は創造的建築が本当の進歩をとげることはない」、「新興国アメリカでは、膨大な数の新しい建設が必要とされ」「大部分の建物は（中略）ライトの精神でデザインされている」［レーモンド：2007：20］と考えるようになった。そして継母との関係が悪化したこともあり、1910（明治43）年、不定期貨物船の事務助手兼技術員となってアメリカに渡ったとされる。しかし、これは自伝に書いてあることで、実際は、プラハ工科大学の建築学生クラブが毎年開催する貧しい学生のための奨学金集めパーティで、経理を担当したレーモンドが金を持ち逃げしてアメリカに渡ったという※4［磯崎・藤森：2016：65］。

いずれにせよ、ニューヨークに到着したレーモンドは、入国手続きを行うことなく、すぐにチェコ人街に向かうとバーで知り合った外科医に紹介され、当時のニューヨークで最大のカス・ギルバート設計事務所のドラフトマン（製図工）となる。そこで4年間働き、1914（大正3）年、事務所を辞め、ヨーロッパ旅行に出た。ローマに滞在中に第一次世界大戦が勃発、友人の口添えもあってアメリカ大使館でアメリカ市民権を獲得する。そしてイタリアからアメリカに向かう退避船の中で妻となるノエミ（Noémi Pernessin Raymond 1889-1980）に出会う。ノエミの父はカンヌの銀行家で母はジュネーブの貴族、ルソーの子孫

※2　フィーサーは元アメリカ赤十字社副社長で、1947年よりJ－CUF（の前身団体）の事務局長。1948年11月の訪日は、本来、ディッフェンドーファが行く予定だったが持病の心臓疾患のため、フィーサーが代わりに訪日した。

※3　以下、この節は、特別な表記がない限り、［レーモンド：2007］に基づく。

※4　藤森は、レーモンドが日本に来たのも国際手配を逃れるためだった可能性を指摘している。結局、レーモンドは日本で捕まり、持ち逃げした額の倍の金額を日本から送金し許されたという［磯崎・藤森：2016：66］。

でもあった。二人はその年のうちに結婚し、レーモンドの人生はノエミによって大きく開けることになる。彼女は芸術の趣味を同じくする理解者であり、建築を補完する有能なデザイナーにして、強力な人脈を持つ支援者であった。1916（大正5）年、レーモンドは、ライト夫人の知り合いであるノエミの親友の紹介で、念願のライトのアトリエ、タリアセン[※5]で働くことになる。その後、短期間独立を果たした後の、1917（大正6）年にアメリカの第一次世界大戦参戦に伴い応召、米軍情報将校としてスイスでチェコ地下組織との連絡などの活動に従事する。1919（大正8）年に帰国すると、ライトの誘いを受け帝国ホテルの設計監理のために日本に渡る。1921（大正10）年、ヴォーリズ事務所のスタッフで、プリンストン大卒のスラックと共同で事務所を設立しライトから独立するも、1年で別れ単独事務所とする。ライトと同じくレーモンドは、当時、まだ生まれて間もないモダニズム[※6]が「日本では無意識に実行され、生き続け、守られていた」と考え、モダニズムの追求の場として日本に魅力を感じたのであった。その後、レーモンドの事務所は、ヴォーリズと同じように、当時の日本では建設が困難だった欧米人および日本人富裕者向けの建物を提供し急速に成長する。また、関東大震災後は、地震に強い鉄筋コンクリート造を設計監理できる建築家ということでも受注を伸ばした。星商業学校（1921-24、現星薬科大学）、東京女子大学（1921-24、34-37）、東京聖心学院（1924-25、現聖心女子学院）、小林聖心女子学院（1926-27）、清心高等女学校（1928-30）、アメリカ大使館（1928-31）などの大規模案件に加え、後藤新平邸（1921-23）、A・P・テーテンス邸（1924-25）などの住宅や軽井沢セントポール教会（1934-35、現軽井沢聖パウロカトリック教会）などの教会も手掛けた。

※5　ウィスコンシン州スプリング・グリーンに建設されたライトの別荘にしてアトリエ。プレーリー様式を発展させた有機的建築というライト独自の住宅様式の代表的例である。

※6　大量生産のガラス、鉄骨や鉄筋コンクリートなどを使用し、装飾を排して、建物の機能の必然からデザインを行う建築様式。ル・コルビュジエ、ミース・ファン・デル・ローエ、フランク・ロイド・ライトなどがモダニズムの代表的建築家とされる。

図2　星商業学校（現星薬科大学）内部
上下移動は階段を使わずスロープによる。ライトの影響が強いが、優れた造形である。（撮影：清水襄）

図3　東京女子大学図書館（現本館）
やはりライト風。他に講義棟、体育館、寮などを手掛けた。礼拝堂はオーギュスト・ペレの「ル・ランシー教会」に酷似する。（Photo by William Whitaker　The Architectural Archives, University of Pennsylvania.）

図4　軽井沢セントポール教会
木造で外観はスロバキアの伝統的な教会の意匠を取り入れている。敬虔なカトリック教徒であったレーモンドはこの教会の設計と監理費用を求めなかったという。［三沢：1998＝2007：75］

図5　オーロビンド・ゴーシュの寄宿舎北面
レーモンドの特徴の一つであるルーバーが使われた初期の例。建設は信者の手で行われた。［三沢：1998＝2007：84］

1937（昭和12）年、レーモンドは戦争の色濃い日本を退去し、ポンディシェリ（インド南東部の都市）に向かった。そこでインドの聖者、スリ・オーロビンド・ゴーシュ（Sri Aurobindo Ghose　1872-1950）が運営する宗教コミューンの寄宿舎の設計監理を行い、翌1938（昭和13）年にヨーロッパを経由してニューヨークに戻った。戦時中、レーモンドは米軍に積極的に協力し、キャンプ・アプトン、キャンプ・キルマー、フォート・ディクス空軍基地などの米軍施設を設計した。また、戦時局から日本建築の専門家として依頼を受け、ユタ州爆撃実験地区に建設された日本の標準的な労働者住宅を設計する。これらの住宅はプレハブ※7化されており、内部には布団や座布団まで備えた念入りなものであった。米陸軍は実際にそれらを何度も爆撃しては再建し、最も大きな損害をもたらした焼夷弾を東京大空襲などの日本爆撃に使用した。「プレファブ・ターゲット」と呼ばれたこれらの実験住宅を設計しながら、戦後の日本でも臆せず積極的に仕事を続けたレーモンドに対し日本人建築家から非難があったのも事実である［三沢：1998＝2007：103-106］。

1948（昭和23）年10月、マッカーサーに手紙を送り来日の許可を得て、レーモンドは再び来日する。米軍との強いつながりもあり、レーモンドは、戦後日本での最初の大規模な仕事として国際基督教大学計画を受注すべく積極的に働きかけを行ったのであった。

※7　あらかじめ大きな部材を工場で制作し、現場で組み立てる方式のこと。

ヴォーリズ

ウィリアム・メレル・ヴォーリズ（William Merrell Vories 1880-1964）はカンザス州レブンワースの母方祖父の家で生まれた。Vories は、ダッチ・リフォームド派の新教徒で1660年にオランダからアメリカに移住した父方の姓に由来し、Merrell はイギリス清教徒であった母方の姓である。ヴォーリズ家は国会議員や知事、牧師を輩出した名門で祖父はミズーリ州最高裁判所判事であった。母方の祖父はレブンワースのプレスビテリアン派教会の副牧師にして長老であり、教会を通じて知り合った両親のもとに生まれたヴォーリズも

図6　ヴォーリズ
（提供：公益財団法人近江兄弟社）

幼少時よりキリスト教に親しむことになった。病弱であったため7歳の時に、両親と弟とともに空気の良いアリゾナ州フラグスタッフ（Flagstaff）に移住する。グランドキャニオンの近くにあるこの開拓地で、豊かな自然に触れて体も丈夫になっただけでなく、キャンプなどを楽しみ、ヴォーリズは幸福な少年時代を過ごした。成績も優秀で芸術にも優れ、絵を描き、音楽に親しみ教会のオルガン奏者にもなった。１９００（明治33）年20歳の時に、少年時代からの希望であった建築家になるためにマサチューセッツ工科大学を受験して合格、コロラド・カレッジ（Colorado College）に1年在学した後、2学年に編入する許可を得て、コロラド・カレッジに入学した。しかしYMCA活動に注力し、そのままコロラド・カレッジに留まることとなる。１９０２（明治35）年、ヴォーリズはYMCAでの活動が認められ、トロントで開催された第4回海外伝道学生奉仕団世界大会に出席した［奥村：１９８２：３２９］。そこで、中国伝道を行っていた婦人宣教師による、１９００（明治33）年の義和団事件でのキリスト教徒虐殺に関する講演を聞き、「キリストご自身が、壇上からその愛のまなざしをもって、私の心を刺しとおし、私に、「お前はどうするつもりなのか」と尋ねていらっしゃるように」［一柳：１９７０：70］感じ、海外伝道を決意するに至った。大学に戻ると海外伝道に備えて哲学科に転科したため、結局、ヴォーリズが建築の教育を受けたのはコロラド・カレッジ在学中の最初の2年間だけである。また、大学在学中に詩作を始め、折あるごとに詩を書いた。後年、同志社大学のカレッジソングを作詞した他、讃美歌２３６番※8は作詞のみならず作曲も手掛けた。

大学卒業後、半年間コロラドスプリングYMCA副主事として待機したあと海外伝道学生奉仕団本部から紹介を受け、１９０５（明治38）年、勤務時間外は宣教活動を行ってもよい

※8　１９５４（昭和29）年版『讃美歌』に２３６番として収録されていたが、１９９７（平成9）年に出版された『讃美歌21』では削除されている。

との条件で［ヴォーリズ：2008：7］、近江八幡（当時は滋賀県蒲生郡八幡町）の滋賀県立八幡商業学校に英語教師として赴任した。当時の多くの宣教師と異なり日本人を信頼して平等に扱い、親しみやすく魅力的な人間性を持ったヴォーリズの自宅には瞬く間に多くの生徒が集い、バイブル・クラスが開かれるようになった。また、週一回教えに行っていた近隣の彦根中学、膳所中学でも100人近くの学生を集めるバイブル・クラスを組織する。来日後わずか8か月で近江八幡にYMCAを設立し、2年弱の間に26名の教え子が受洗するなど、生徒や一部教師の間で急速に高まったキリスト教に対する熱意に、地元の仏教関係者や学内の反発が次第に高まり、摩擦を恐れた学校により1907（明治40）年に解雇される。

生計の道を失ったヴォーリズは当初、同居していた教え子で、のちにヴォーリズの片腕となる吉田悦蔵の親からの仕送りや英語の個人指導、アメリカからの匿名の寄付などで生活していたが、1908（明治41）年、京都YMCA名誉主事フェルプスの推挙で京都YMCA会館新築の代理監理の仕事を得てから［山形：1988：35］、次第に宣教師や教会から建築設計監理の依頼を得るようになった［奥村：1983：116］。この背景には当時の日本には欧米人のニーズを満たす建物がなく、日本人には建設することが難しかったことがある。特に、部屋全体を暖める暖房がなく気密性も低い日本家屋の冬の寒さは欧米人には耐えがたく、日本において欧米の建物を建てることができる建築家が、主に欧米人や、欧米の生活を体験した日本人から求められていたのであった。専門的な建築知識の必要性を感じたヴォーリズは、1910（明治43）年のアメリカ帰国の際に、コーネル大学の建築科卒で海外伝道学生奉仕団に所属していたチェーピン（Lester Grover Chapin）を伴い再来日した。同年に、ヴォーリズ、チェーピン、吉田の三人でヴォーリズ合名会社を設立し、本格的に設計監理事

図7　神戸女学院のオープン・クアドアングル
その美しさから関西学院とともにヴォーリズのミッション・スクール建築の代表例となっている。［提供：学校法人神戸女学院、撮影：吉永真理子］

業を始めた［奥村：1983：116］。その後、チェーピンは1913（大正2）年に帰米し名実ともにヴォーリズの主宰する事務所となる※9。

ヴォーリズの設計事務所の事業は順調に拡大した。教会やミッション・スクール、住宅、病院など、伝道に関連した建物を中心に、裕福な日本人の住宅や別荘、商業建築も手掛けた。その範囲は日本はもとより朝鮮、満州、中国にまで広がり、手掛けたプロジェクトの数は戦前だけで約1500に上る。その主な作品は、教会では、大阪教会（1918）、軽井沢ユニオンチャーチ（1918）、神戸ユニオン教会（1927）、軽井沢教会（1929）など、ミッション・スクールでは、関西学院（1911-22、1927-35）、同志社大学（1915-40）、神戸女学院（1929-36）、西南学院（1920、31）、九州学院（1915、24、30）、横浜共立学園（1918、30、43）、商業建築では、大丸大阪心斎橋店（1917、20、27）、山の上ホテル（1937、旧佐藤新興生活館）、主婦の友社（1924、ファサードのみ現存）など［山形：1989：326-340］、ヴォーリズの人柄をそのまま表すように、親しみやすく温かな雰囲気と使い勝手の良さで人々に愛され、現在でも大切に使われている名建築が多い。ヴォーリズの設計の特徴は、建物を使う人への配慮にあり、特定の様式にこだわることはなかった。実際、いくつかの様式で外観をスケッチし、それを施主に選ばせたという［石田：2008：122］。そのため外観は、チューダーからコロニアル、アール・デコ、モダニズム、和洋折衷、和風に至るまで様々であるが、ヴォーリズと言えば、特に白もしくはクリーム色のスタッコ壁※10にアーチ窓、赤やオレンジのスペイン瓦というスパニッシュ様式で有名である。スパニッシュ様式はミッション・スタイルとも呼ばれ、カリフォルニア南部に点在するスペイン・カソリック・ミッションの建物を原型に19世紀末に起こったカリフォ

図8　佐藤新興生活館（現 山の上ホテル）
モダニズムとともにアール・デコ的な要素が見られる。（撮影：松居直和）

※9　ヴォーリズとチェーピンのその後の関係については、補章「ヴォーリズの手紙」の「アメリカとのつながり」の部分を参照のこと。

※10　モルタルを荒く仕上げた仕上げで、外壁に用いられる。

ルニア独自の建築様式であった［内藤：1978］。現在でもマンガやアニメ、イラストなどに描かれる教会や、ミッション・スクールやそれをイメージしたお嬢様学校の校舎には、三角屋根とアーチ窓などの意匠が用いられることが多く、ヴォーリズの建物はこのような日本人のキリスト教のイメージ形成に少なからぬ影響を与えたと言えよう。

またヴォーリズは、1920（大正9）年に近江セールズ株式会社を設立し、ハモンド・オルガン※11や建築金具、塗料など、教会や建築に関係した物品の輸入販売や、メンソレータム（現・近江兄弟社メンターム）の製造販売を本格的に始め、この分野でも成功を収めた。メンソレータムは、ヴォーリズが1913（大正2）年の海外伝道学生奉仕団の大会に出席した際、その伝道活動に大いに共感した創業者のA・A・ハイド氏（Albert Alexander Hyde 1845-1935）によって、近江セールズ社に日本における独占販売権、製造権が与えられたものである。セールズ社は、メンソレータムの販路を大手筋の問屋に確保し、全国各地の教会組織を通じた宣伝や大阪朝日新聞での全面広告などによって、全国に販売を広げ［奥村：1983：114-115］、後年は満州に工場を設置するなど外地でも販売した［奥村：1989：264］。建築設計監理事業とともにこれら販売事業からの寄付金が1911（明治44）年に結成された近江基督教伝道団（近江ミッション、1934（昭和9）年に近江兄弟社に改称）の伝道や病院経営、教育事業といった活動を支えたのである。

日米の緊張が高まる1940（昭和15）年、ヴォーリズは日本への帰化申請を行い、翌1941（昭和16）年に妻、一柳満喜子（ひとつやなぎ まきこ 1884-1969）の戸籍に入り※12、一柳米来留（ひとつやなぎ めれる）という名の日本人となった。近江八幡を神から与えられた地であると考えていたヴォーリズにとって、アメリカ帰国はまったく選択肢になか

※11 1934年にアメリカ人のローレンス・ハモンドが発明した電磁的仕組みにより音を発するオルガン。高価なパイプオルガンの代替品として教会で使用されたほか、1950～70年代には、ジャズやロックでも使用された。

※12 より正確に記せば、1919（大正9）年にヴォーリズと結婚したことにより満喜子の戸籍はなくなっていたので（アメリカ国籍となったため?）、戸籍を復活させて、そこにヴォーリズを入籍する形をとった。（この部分は、財団法人近江兄弟社の所蔵する資料に基づき、ヴォーリズ記念館長である藪秀実氏よりご指摘頂きました。藪氏のご指摘に感謝いたします。）

った。むしろ、「与える方が幸いである」という考えから「愛する国民、国家と患難を共にする」[奥村：1989：273]ため、また、ヴォーリズと1919(大正8)年に結婚しアメリカ市民となったはずの満喜子が、移民法の東洋人除外例でアメリカ入国を拒否され無国籍的状況になったことも遠因となって[奥村：1989：274-275]、帰化を選択したのであった。その際、神社参拝を求められたが「星条旗に忠誠を誓うのと同じであるとして合理的に割り切っていた」[奥村：1989：275]という。しかし、このような努力もむなしく、1942(昭和17)年夏より終戦まで、近江八幡を離れ軽井沢での困難な生活を送ることを余儀なくされたのであった。

終戦直後、ヴォーリズは、華族であった妻の実家と近衛家とのつながりから、天皇の戦犯指定を防ぐべく近衛文麿(このえ ふみまろ 1891-1945)より、マッカーサーへの働きかけを依頼される。ヴォーリズは、宣教師の息子として日本に生まれたことから知り合いだった、マッカーサー副官のバーレット少佐とすぐに会い、近衛とマッカーサーの会談を依頼した。また、その会談の際に近衛が持参したであろう天皇の人間宣言の原文を作成したと読める日記を残している[奥村：2005：260-266]。これが事実なら、1946(昭和21)年元日の天皇の人間宣言に重要な役割を果たしたことになり、これが「天皇を守ったアメリカ人」[上坂：1986]と言われるゆえんとなっている。

このような人生を送ってきたヴォーリズであるから、戦前からの日本のキリスト教教育を完成させる総合大学で、日米の和解を象徴する国際基督教大学計画には、人一倍強い思い入れがあったのである。

人生と建築

レーモンドのプランは、中島飛行機時代の建物をすべて壊し、ゼロから新しいキャンパスを建設するというものであった。レーモンドは、これらの建物が第二次世界大戦のことを思い起こさせ、傑出して美しくあるべきキャンパスに醜さをもたらすとし、撤去に1万ドル以上かかるが美しい建物を建てるためには撤去が必要であると主張した［JICUF：1948：18］。レーモンドのアイデンティティは、ライトやル・コルビュジエと同じ、新しい時代の新しい建築を創造し、建築界に大きな影響を与える第一線の建築家というところにあった。既存の建物を改造して使うなどということはプライドが許さなかったのであろうし（後年、改造を受注することになるのだが）、野心的でアグレッシブな彼の性格からして自らのやりたいことを最大限主張したのだろう。彼にとって建築とは前衛にして美しいものでなければならなかった。レーモンドは自らの論文・講演集の巻頭に「（論文の）殆んどが私の闘争にふれている。今日のデザインの根本と目的とを、明確にするための闘いである」［レーモンド：1967：11］と書いているが、やはり彼は、国際基督教大学のキャンパス計画においても闘いを挑んだのである。

これに対してヴォーリズの案は、中島飛行機時代の建物を改装して活用するというものであった。ヴォーリズのアイデンティティは、あくまでもキリスト教の伝道者にあり、建築家は伝道の糧を得るための愛すべき職業という位置づけであった。このため、日本のキリスト教教育を完成させる第一級の大学として、国際基督教大学を実現させることを最優先に、施主であるＪＩＣＵＦの立場を考えた提案が可能だったのである。結局、ＪＩＣＵＦ理事会は、ヴォーリズのプランを採用し、ヴォーリズを主任建築家とすることを決定した。レーモンドのプランを賄いきれないと判断する一方、ヴォーリズの熱意と神戸女学院などでの実績、本館に利用価値を見出し、新たに建設する礼拝堂や図書館も本館と調和させて配置するプランなどを評価しての決定であった。ディッフェンドーファらと三鷹の地を訪れたヴォーリズは「あなた方は、建築的な美しさや使い勝手を思い煩う必要はありません。」※13と語ったという。［ＪＩＣＵＦ：１９４９：１-４］。こうして、中島飛行機時代のレイアウトと建物が、そのまま現在の国際基督教大学のキャンパスでも生かされることとなったのである。

それにしても、この二人を並べてみると、改めてそれぞれの人の歴史を形づくる人間の個性というものを考えさせられる。ほとんどが建築に関する記述で占められ、どこか野心と謀略と厳しさを感じさせるレーモンドの自伝、そして、ほとんどがキリスト教に関することで占められ、どこか親しみやすさと楽しさを感じさせるヴォーリズの自伝、その感触は彼らそのものであろう。それらの違いを生み出したものは出自だったのか、当初の環境であったのか、それとも根源的に持っていた気質だったのであろうか。しかし、違いはありこそすれ、どちらの自伝も説得力に満ちた冒険であり、おもしろい。ヴォーリズの自伝で披露される楽

図9　アントニン・レーモンドとノエミ　1965年ごろ撮影されたもの。ノエミは私生活のみならず仕事上でもレーモンドの重要なパートナーだった。（提供：レーモンド設計事務所）

※13　原文は以下のとおり。"You don't need to worry about not having something architecturally beautiful as well as useful." 意訳すれば「建築の美や使い勝手についてはお任せください」というところだろう。

しげな数々のエピソードは、キリスト教にあまり興味がない筆者にすらキリスト教も良いかな、と思わせるほど魅力的であり、レーモンドの文章は、徒手空拳から成り上がるための、強靭な野望とアグレッシブさ、それを支えるナルシシズム的で強固な自信、といった力を感じさせ魅力的である。どちらも、自らの信念を十全に生ききった自信と満足ゆえに放つ魅力なのであろう。

第2部

建築編

第6章

前期ヴォーリズ時代　1949〜1954

1949（昭和24）年6月に国際基督教大学学長に内定していた湯浅八郎から、主任建築家候補として意見を求められたヴォーリズは、非常に喜び「何が何でも素晴らしいものを作らなければ」と周囲に語っていたという［片桐・佐藤：1999］。その後、1949（昭和24）年7月のJICUF理事会で晴れて新大学の主任建築家に指名されたヴォーリズの感慨は、いかばかりであっただろうか。理事会などオフィシャルな場に提出するため書かれた文書で、ヴォーリズは「（建築のみならず、近江ミッションの教育、伝道、社会的、産業的事業を通じて培われた）45年間に渡る我々のキャリアの経験全てやその他が、現在の仕事のための主たる準備となったと感じている」［Vories：1949］と記しているが、まさに国際基督教大学は、ヴォーリズや多くの宣教師たちが明治時代に始めた日本におけるキリスト教教育を完成させる、頂点のピースとなるはずのものであった。24歳の時にたった一人で近江八幡駅に降り立ったヴォーリズは、この時69歳、軽井沢にとどまることを余儀なくされるなどの困難な戦争の時期を乗り越え、日米和解のシンボルにして日本のキリスト教教育の最後のピースと考えられた国際基督教大学の建設を担うことになったのである。

以降、ヴォーリズは主にディッフェンドーファや、理事にして後に初代財務担当副学長となるハケット（Harold W. Hackett １８９４-１９５８）[※1]と頻繁に手紙のやり取りをしながら、新大学の校舎や寮、住宅などの設計に注力した。ハケットは、１９２０（大正９）年から１９４１（昭和16）年まで、長きにわたり神戸女学院の会計を担当しただけでなく、神戸女学院岡田山キャンパスの建設で建築委員長を務め、ヴォーリズと密接にやり取りしながら、ヴォーリズの最高傑作のひとつに数えられる一連の建物を完成させた経験があった。ヴォーリズとハケットは、戦争を挟んで再会し、再び大学建設のプロジェクトを担うことになったのである。二人とも神戸女学院のような素晴らしいキャンパスを再び、と強く思ったことであろう。

しかし、この仕事は、規模の大きさのみならず様々な面で困難を伴うものであった。何より戦後の混乱があり、特にインフレは頭の痛い問題であった。終戦直後の３００％を超えるような超インフレは収まりつつあったものの、朝鮮戦争の勃発もあり１９５０年代前半においても依然として数十％の物価上昇は続いていた［日銀：２００７］。このような状況ゆえ、苦労して大規模な見積もりを作成してもすぐに意味のないものとなった。１９５１（昭和26）年４月18日のヴォーリズからハケットへの手紙では、前年８月から建材の平均価格が２倍になったと報告している［Vories：1951］。また、戦中戦後の混乱により、建材の質や関連する業者の知識も役に立たなくなっていた。ハケットの見積もりを催促する手紙に対して、ヴォーリズは以下のように返信している。「我々は戦争以来 ── 特に日本においては ── 新しい世界と取引しているということを頻繁に思い出しています。／最良の建設会社が、どんな値段ででも、よく寝かした材木やその他の様々な材料が得られなくなっており（不定期、

※1　ハケットの経歴などについては補章１７３-１７４頁も参照のこと。

闇市以外では）、非常に時間がかかるか、質がとても悪いかです。」（[Vories：1950a]）
また、キャンパスの建設に関して最終的に責任を負ったのは遠くニューヨークのＪＩＣＵＦであり、アメリカで募金活動を行いながら建設資金を拠出するという綱渡りであったことも業務を困難なものとした。ＪＩＣＵＦ側は最初に募金の根拠として見積もりを求め、それから募金を行ったが[※2]、その間も建材の価格は上昇し、募金の不調も伴って計画の大幅な見直しが余儀なくされた。また、コミュニケーションの手段が手紙と電報という時代に、契約においてニューヨークＪＩＣＵＦの承認が必要とされたこと、その承認も募金の進捗状況などにより遅れがちであったことは、特に迅速な行動が必要になるインフレ下において重大な障害となった。ヴォーリズは、担保を差し出してでも支払い時期を遅く設定した契約を早期に建設会社と結ぶこと[Vories：1951]、価格が上昇する前にアメリカの金具会社サージェント社[※3]と契約を結ぶことなどを提案している[Vories：1950d]が、それが実現したのかは不明である。ヴォーリズは理学館、図書館、体育館などに関する設計、特に特殊な設備が要求される理学館の設計に多大な労力をかけたが、予算が確定せず、結局、これらの建物がヴォーリズの設計で建設されることはなかった。また、本館の西側にあった巨大格納庫についても体育館等の利用方法が検討され、改装工事の入札を行う寸前まで設計作業を進めながらも実現に至らず、後年、解体しスクラップとして売却している。
このような困難な状況下で、ヴォーリズは最善の仕事をしたと言える。国際基督教大学のキャンパスにおけるヴォーリズ建築が、他のヴォーリズの建築ほど美しい意匠を持たないのは確かである。しかし、１９５０年代初頭のインフレ期に、限られた予算と時間のなかで建てられた建物が、60年以上にわたって今もなお大きな不具合もなく使用され続けていること

※2　州ごとに建物を割り振り、募金活動を行った場合もあった。礼拝堂はアイオワ州の募金により建てられている［アイグルハート：１９９０：１４９］[Vories：1952]。

※3　サージェント社は、ヴォーリズが戦前から好んで使ったドアノブ、ヒンジなどの金物会社。戦前は、サージェント社の金具の他にも塗料などの建築資材の輸入販売も行っていた。

自体が、ヴォーリズの設計と監理の確かさを証明している。ゆとりある空間構成と使いやすさも、用途変更への柔軟な対応を可能とし、ヴォーリズの設計した建物は長きにわたって生きた建物であり続けた。国際基督教大学の建物を設計するにあたってヴォーリズは意匠よりも構造や建物の機能を優先したのであり、その判断は、ヴォーリズが常々主張していたように、建物を使う人への配慮の結果であった。「建築上の様式の非常に目立った進出を、試みんとするものではなくて（中略）最小限度の経費を以て、最高の満足を与える建築物を人々に提供せん」とは『ヴォーリズ設計事務所作品集』［ヴォーリズ・中村：1937］に掲げられた彼の言葉だが、このキャンパスの建物は、厳しい状況のなかでヴォーリズが何を選択したのかを如実に示し、まさにその精神を体現した実にヴォーリズらしい建物なのである。

以下、ヴォーリズが設計を手掛けた国際基督教大学キャンパスの建物を見てみよう。

マスタープラン（1949）

アメリカでの募金活動のために、JICUFが1949年８月にヴォーリズに制作を依頼した際に描かれたものであると思われる。工学部、農学部などの記述が見え、ヴォーリズの新大学に関する認識は、多くの日本人と同じく、東大型の学部制総合大学にあったことがうかがえる。壮大なプランで、巨大なスタジアム、野川を堰き止めて作るというLAKE HEIWA（スタジアムの北に位置）など、そのスケールの大きさには驚かされる。この時、同時に描かれた本館、礼拝堂、図書館のクアドアングルのスケッチでも分かるように、礼拝堂は現在のシーベリー・チャペルの位置に計画されていた。（提供：国際基督教大学歴史資料室、色調を調整）

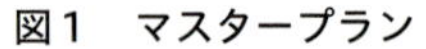

図１　マスタープラン

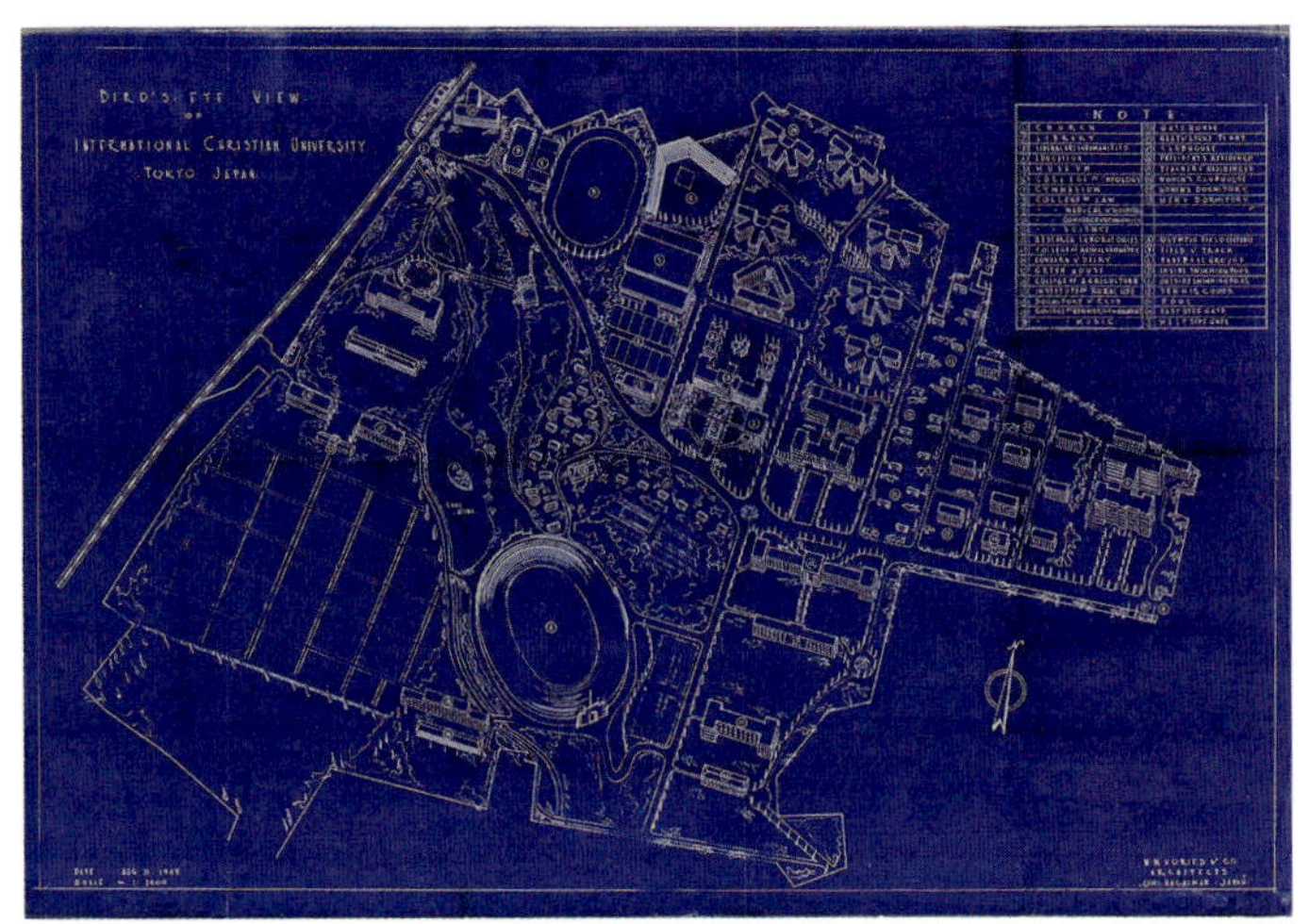

図２　本館、教会（左）、図書館のクアドアングル

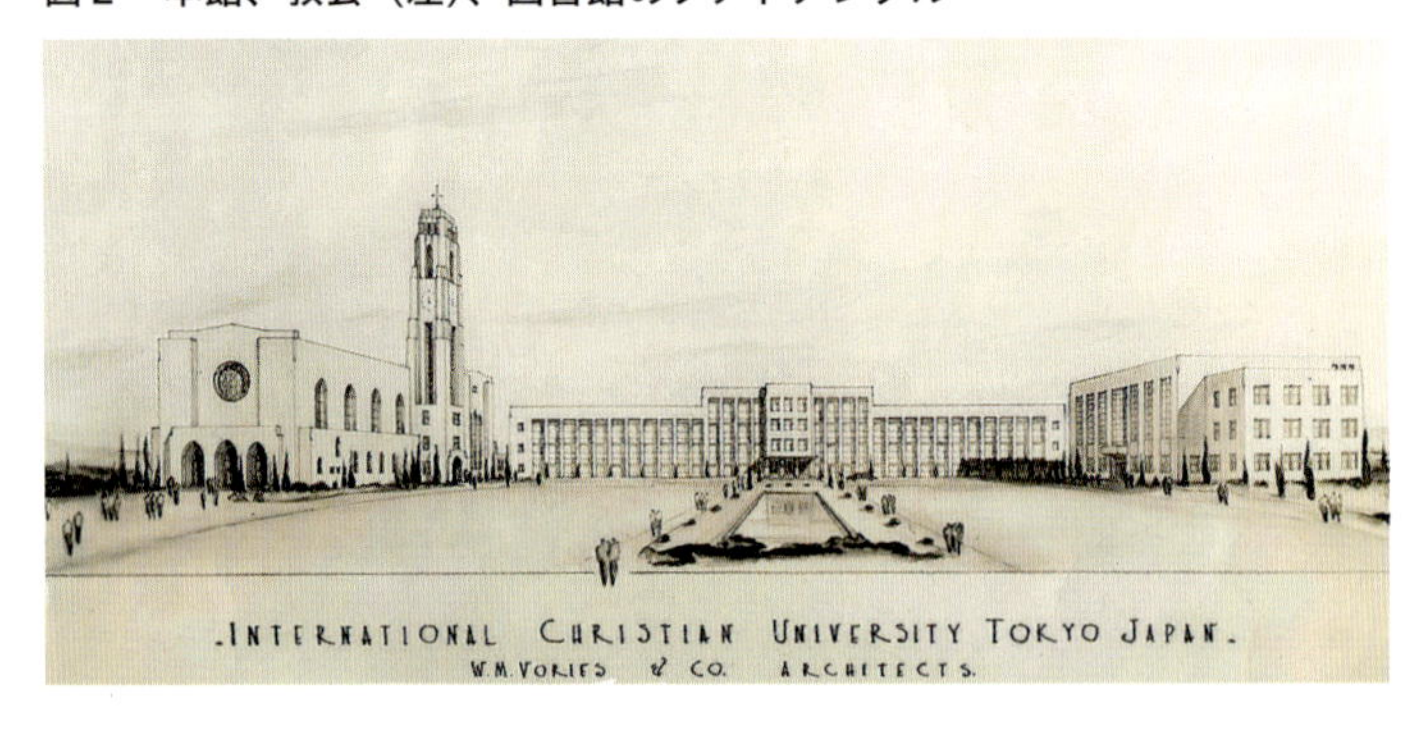

図２のスケッチも、図１のマスタープランと同時にJICUFに送付されたものと思われ、アメリカでの募金活動のパンフレットに掲載されている。（提供：ともに国際基督教大学歴史資料室）

図4　豊郷小学校（1937）外観
ヴォーリズのモダニズム建築の代表作。東西に長く北側に突き出しを持つE字形状、階段の配置など、国際基督教大学本館と共通する部分もあり、本館を視察中、ヴォーリズの頭の中にはすぐに豊郷小学校のイメージが浮かんだに違いない。だからこそ、本館を立派な建物に改装できると、自信をもって主張できたのであろう。一部3階の2階建てで、本館を小さくしたようなファサードとなっている。（提供：滋賀県犬上郡豊郷町）

図5　豊郷小学校階段室
幅広い手すり、白と黒のツートーンカラーなど階段室の意匠も（手すりについている有名なウサギとカメの銅像以外は）本館とよく似ている。（提供：滋賀県犬上郡豊郷町）

本　館（1953）

1952年の開学当時、図書室、理学実験室、事務室、教員研究室、食堂など、あらゆる施設がこの建物の内にあった。本館は国際基督教大学のすべてであったと言っても過言ではない。本館がなければ、開学がさらに数年遅れた可能性もあっただろう。中島飛行機時代はまったく内装がない状態で使用されており、内装は全面的にヴォーリズによるものである。外観は、中央に4階を増築、外延部分へのコンクリート打ち増しなどにより重厚でシンメトリーを強調したファサードとし、大学らしい権威ある建物としている。構造計算は、耐震構造理論を確立した、日本の建築構造の第一人者で、後年、東京タワーの設計も行った内藤多仲による。

図3　本館外観
シンメトリーが美しい南面ファサード。2003年の外壁改修によりツートーンのタイル張りとなっているが、もともとはモルタル仕上げ。

図８　完成間近の本館

1952年２月撮影。正確にスケッチを具現化しており、ヴォーリズ事務所の所員の力量の高さを感じさせる。中島時代と異なり、打ち増ししたコンクリートにより縦方向のイメージを強調し、重厚な印象となっている。（提供：国際基督教大学歴史資料室）

図９　本館、廊下

もともとあった内部の柱に添って壁を作り内廊下とし、その南北に部屋を配置している。ベージュの人造大理石の床、厚い腰壁は重厚さを狙ったものと思われ、黒い人造大理石による巾木がそれを引き締める。よく見ると、床と壁が接する部分は丸くなっており、柱の角も丸められている。これは掃除がしやすく埃がたまらないように、ぶつけても怪我をしないように、という細やかな配慮から生まれた意匠で、ヴォーリズ建築の特徴のひとつ。

図６　中島飛行機時代の本館の外観

外側の柱や梁が細く、窓を上下に分けるひさしにより横方向のイメージが強調され、軽快な印象を受ける。（提供：国際基督教大学歴史資料室）

図７　中島飛行機時代の本館内部

中島飛行機時代には、１階は実験・作業スペース、２階は部品等の設計室や事務スペース、３階は機体設計室として使われていたという［牛田・高柳：2006：118–120］。この写真の階数は不明だが、まったく内装が施されていない。この反対側を撮影した写真も存在するが、合板一枚で作られた壁が見える以外、同じようにまったく内装がない。（提供：国際基督教大学歴史資料室）

教職員住宅（1951〜1956）

ヴォーリズの設計による住宅は、1951年から1956年の間に10棟前後、建てられた。そのうち３棟は、中国基督教大学理事会、学長公宅はミネアポリスのヘネペイン・アヴェニュー・メソジスト教会からの寄附により建てられている。現在の本部棟付近にあったという２階建ての１棟（ハケット副学長宅？）を除いてすべて平屋建てである。基本プランをベースに、入居する教職員の希望に基づき個別に設計され、部屋数や外観も一棟ごとに異なっている。また、日本人用と外国人用を分けて設計しており、日本人向けは軒も構造表（あらわ）しの和風をベースにした簡素な造り、外国人用は小屋裏を張り出した共通の意匠に、モルタルもしくは下見張の外壁、腰窓と、ヴォーリズ的な洋風の外観となっている。いずれの住宅も暖炉やボイラー用の煙突と、テラスを持ち、テラスや玄関には鉄平石が用いられる（日本人用住宅の一部はモルタル仕上げ）。オレンジの和瓦、鉄平石、小屋裏部分の張り出しは、寮やメイプル・グローブにも用いられ、国際基督教大学におけるヴォーリズ設計の建物に共通する意匠となっている。

図12　外国人教職員向け住宅スケッチ（次頁）
傾斜が緩やかで大きく低い屋根がライトのプレーリー様式*の住宅を連想させる。別のスケッチで描かれ、国際基督教大学のヴォーリズ設計の住宅に多く見られる小屋裏部分の張り出しも、屋根を強調するためであると考えられる。当時のキャンパスは木が少なく広々としていた**ことから、プレーリースタイル的な意匠を用いたのではないか、というのが筆者の推測である。（提供：国際基督教大学歴史資料室）

図10　本館、階段
やはりベージュと黒の人造大理石でできた幅広の階段も重厚さを感じさせる。図５も参照されたい。

図11　３階ラウンジのポストと水飲み場跡
アーチがヴォーリズらしい意匠。ポストは１階まで手紙が落ちるメールシュートとなっている。

図14　外国人向け教職員住宅
（下見板張りタイプ）
オレンジの和瓦、黒い下見板張りに白い窓枠は、近江八幡のヴォーリズ自宅（1931、現ヴォーリズ記念館）と同じ意匠である。

図15　下見板張り住宅ディティール
杉板の下見張にステイン塗装*で、オリジナルの状態を保っていると思われる。湿度が高く通風も不十分、落ち葉などの影響を受けやすい、森の中という木造住宅には厳しい環境にありながら、大きな傷みは見られない。低くて大きな屋根と、高く、通風口を十分にとった基礎のおかげであろう。軽井沢での別荘設計などの経験もあろうが、ヴォーリズの設計の確かさを感じさせる。

*表面に被膜をつくらず木材に浸透するタイプの塗料。

*アメリカの建築家、フランク・ロイド・ライトが1890〜1910年頃に多用した住宅の様式。中西部のプレーリーの景観に溶け込むように意図され、建物の高さの抑制、緩やかな勾配の大きな屋根、水平の強調などを特徴とする。

**開学前にアメリカより牛や羊が送られ牧場が作られたこともあり、初期の国際基督教大学のキャンパスを訪れ「西部劇の牧場に立ったよう」という印象を持った人もいる［羽鳥 b］。

図13　外国人向け教職員住宅
（モルタルタイプ）
東西南北を意識したものではなく、野川に面した崖に平行に建てられ、45度程度、東に振られているものがほとんどである。野川越しの富士山や崖下への眺望を優先した結果だと思われる。

図18　鉄平石張りのテラス

図17の住宅の南面のテラス。ヴォーリズは住宅、学生食堂、寮にこの鉄平石張りのテラスをつけた。国際基督教大学におけるヴォーリズの建物の特徴のひとつとなっている。

図19　玄　関

竹や障子といった和風の要素を取り入れるが、天井や大壁作りの壁は洋風。腰壁は高く、鴨居の高さまである。

図16　日本人教員向け住宅南面

軒は表（あらわ）しで、テラスもモルタルの簡素な造り。最初の住人が大家族だったのであろうか、かなり大きな住宅である。

図17　大規模な外国人向け住宅（現学長公宅）

外国人向け住宅にはすべて車回しがついている。この住宅では玄関が引き戸で和風となっている。大学の管理担当者によれば、建具自体は新しくなっているが、開口部自体は手を入れていないとのことで、当初から引き戸だったと思われる。

図22　ユーティリティ・スペース
キッチンの奥に配置された家事スペース。奥の扉は、スチーム暖房などのためのボイラーが設置された地下室に続く。ニッチ（装飾品などを置くための壁のへこみ）、作りつけ家具（この向かい側にもさらに大きなものがある）など、収納が充実している。収納は飴色のクリア塗装だったが、後年、白く塗りなおしている。右手には女中室と思われる部屋がある。

図20　リビング西面
鉄平石張りの簡素な暖炉がある。ヴォーリズは暖炉を日本家屋における床の間のように欠かせないものと考えており、多くの住宅に暖炉を作った。

図21　リビング東面
左のドアがキッチンに通じ、造り付けの食器棚があることから、食堂としての使用を意識していたと思われる。造り付け家具が多いのもヴォーリズ建築の特徴で、薄い飴色のクリア塗装は、寮などにも見られ、国際基督教大学のヴォーリズ建築に共通したものである。

第一男子寮・第一女子寮（1954）

木造２階建てで、第一男子寮は建築面積約400㎡、延床780㎡、第一女子寮は10％ほど小規模になっている。オレンジの瓦、破風で洋風に見えるが、スパニッシュで使われるスペイン瓦ではなく実は和瓦なのは、住宅とも共通する。男子寮の場合、居室は16部屋で定員70人（指導教員と寮母も含んだ数と推測される）、女子寮は定員54人であった［ICU：1957：1］。男子寮は樫寮に建て替えのため、女子寮は銀杏寮に建て替えのため2009年に取り壊された。

図23　第一男子寮南面
第一男子寮および第一女子寮がヴォーリズの建築らしくないのは、その窓の大きさにある。横長で大きな窓はモダニズムのそれで、これは後年、建設された第二男子寮および第二女子寮とも共通する。国際基督教大学におけるヴォーリズの寮はモダニズムとスパニッシュの折衷と言えよう。

図24　第一女子寮の前の湯浅学長ら
完成直後の写真と思われる。これで見ると、窓は木製サッシで中央部はフィックス、両端が引き戸で開くすっきりとしたものであったことが分かる。他のヴォーリズ建築では見ることができない窓の形式だが（大学側の要求もあったのかもしれない）、オリジナルを見ると確かにこれはこれで良いと思わせるものがある。ヴォーリズらしい煙突の形と、屋根の破風はスパニッシュを感じさせる。（提供：国際基督教大学歴史資料室）

図25　インフォメーション・ルームの造り付け机
インフォメーション・ルームとは来客の応対や、電話番をするために玄関脇に設置された部屋である。用途を想定して、使っている人にまったく存在を意識させないほど自然に、絶妙な位置と大きさで造り付け家具を設置するのもヴォーリズならでは。

図28　2階廊下突き当たりの避難口
座って話をするのを誘うかのような階段がついていて、避難口であってもゆとりを感じさせる空間となっている。

図29　階　段
ヴォーリズらしく幅広で角が丸められた階段手すり。これは本館にも通じるモダニズムの意匠であり、内装においては、モダニズムの面が強いとも言えよう。

図26　居　室
壁のコンセントも、壁付けの本棚の高さも奥行きも、机を下に置き実際に本を置いて見ると、ちょうどよい位置にある。高い位置に設置されたコンセントは、２段ベッド上部のためのもの。

図27　トランクルーム
廊下の突き当たりに設置されたトランクルーム（倉庫）。このほかにも北側にトランクルーム、インフォメーション・ルームの収納や、洗面所まわりのユーティリティ・スペースなど、収納や作業スペースが充実していることも、暮らしやすさ、使いやすさの要因となっている。

第7章

後期ヴォーリズ時代　1954〜1958

国際基督教大学のキャンパスでは、1952（昭和27）年の開学後も、次々に建物の建設が続いた。なにしろ開学時に使用できたのは本館と呼ばれる、旧中島飛行機時代の建物を改装した校舎だけであったので、大学を運営する上で必要な施設を早急に整える必要があったのである。前章で言及した第一男子寮・第一女子寮、教員住宅の他にも、1954（昭和29）年に、礼拝堂、大学食堂（中央部のみ）、住宅や寮にスチームや電気を供給するための食堂裏のボイラーが竣工し、1955（昭和30）年にはメイプル・グローブ（楓林荘）、1956（昭和31）年には第二男子寮・第二女子寮、1957（昭和32）年には、ディッフェンドーファ記念館東棟（以下、略称のD館を用いる。竣工は1958年）と食堂両翼部、1958（昭和33）年には小規模礼拝堂であるシーベリー・チャペルが建設され、急速に大学としての陣容が整えられた。また、毎年1〜2軒の教員住宅も建設された。ヴォーリズ建築事務所は、奈良信（ならまこと 1922-?）稲冨昭（いなどみあきら 1927-）や、大成建設は藤井秀也（ふじいしゅうや 1918-?）※1ら、週に数回訪れる現場責任者とは別に、若い社員を常駐させ、切れ目なく続く建設に対応した。

※1　藤井は、1950年頃から10年間にわたり国際基督教大学に常駐した。1960年頃からは常駐こそしなかったものの、他の仕事と兼務で引き続き国際基督教大学を担当し、約20年にわたり国際基督教大学と関わり続けた。この頃の話は［藤井：1999］にまとめられている。

建築費に関して言えば、財務副学長のハケットがその管理に相当な注意を払っていた。1952（昭和27）年を過ぎる頃からインフレは沈静化した［日銀：2007］が、建設を賄うアメリカでの募金活動が予断を許さない状況であることは変わりなかったのである。1ドルが360円から450円になるとの噂があれば工事費の支払いを遅らせ［藤井：1999：28］、D館の見積もりでは200万円減額するように迫り（これは、部室の内装を一部省き、設計料の一部をヴォーリズ事務所が寄付することで収まった）［Vories & Co：1957］、D館の図面を見ればフォイヤー床の大理石仕上げに関して理事会で話し合い beauty in simplicity の原則を掲げて中止の指示を出したりしている［Troyer：1957］。この結果、それなりに建築費を抑えることに成功している※2。

この頃になると、第一男子寮・第一女子寮や住宅など、初期の作品ではスパニッシュや下見板張りといったいかにもヴォーリズらしい意匠に控えめに折衷されていたモダニズムが、前面に出てくる。特にD館とシーベリー・チャペルはコンクリート打ち放しの完全なモダニズム建築となっている。この2つの建物は、片桐泉（かたぎり せん 1926?-?）を中心とする東京事務所の若手所員により設計されており、それまで近江八幡で設計されていたヴォーリズの意匠とまったく異なるものとなった。東京事務所が設計を担当するようになった経緯は不明であるが、以下のような要因が考えられる。まず、ヴォーリズ事務所の業務のあり方である。もともと、ヴォーリズはプラン（間取り）や建物の配置にこだわりを持ち、プランは自らスケッチをすることが多かったのに対して、エレベーション（外観に関する立面図）にはこだわりがなく社員のスケッチにより外観を決める［石田：2008：121］、といった分業があった。東京事務所での設計は、このような分業の延長であるようにも考えられる。

※2　アイグルハートは以下のように記している。「この二件（食堂とD館）は35万ドルという、きわめて安価な費用で賄うことができた。」「最初に建てた4棟の学生寮は、そのうち2棟が鉄筋コンクリート造りだったにもかかわらず、総費用は収容学生1人当たりに直すと、1000ドルにしかならなかった」［アイグルハート：1990：212］。

さらにこの背景には、西南学院や福岡女学院などの設計［Ogawa：1954］により、本社の業務が忙しくなったことがあったのかもしれない。しかし、このドラスティックな変化の最大の要因は、1956（昭和31）年夏前に、ヴォーリズが国際基督教大学の主任建築家ではなくなり、コンペなどにより建物ごとに建築家と契約を結ぶという形式に変わったことがある［Hackett：1956］。コンペでは、明快なコンセプトや斬新さが求められる。このため、若い所員が起用されたのではないか。いずれにせよ、大学や専門学校で最新の建築動向を学んだ若手にチャンスがもたらされたのであった。片桐は、京都工芸大学を卒業後、ヴォーリズ事務所に入社、その後、バチカン公使の叔父をたよって2年間ローマ大学に留学し、帰国した直後であった。

ヴォーリズがいつ主任建築家でなくなったのかについて、アイグルハートは1957（昭和32）年夏にヴォーリズが軽井沢でクモ膜下出血に倒れたことが個別契約へ変化した原因であるとしている［アイグルハート：1990：212］。しかし、1957（昭和32）年に志村建築士事務所の設計による第二女子寮とシブレーハウスが竣工していること、同じ年の6月起工のD館の設計に関してコンペが行われたとする稲冨の証言などからも、1956（昭和31）年中に主任建築家制はなくなっていたのは明らかであろう（第二女子寮とシブレーハウスもコンペだった可能性がある）。

ヴォーリズが主任建築家でなくなった背景には、1954（昭和29）年に完成した礼拝堂の音響問題と、業務に関連したコミュニケーションの問題があった。礼拝堂は、完成した直後から説教が反響して聞き取りにくいという問題が発生し、大学側はヴォーリズ事務所に改善を求めたものの［ICU：1954］、大きく改善することはなかった。この問題に対するヴォーリズ事務所の主張は、以下のようなものであった。すなわち、礼拝堂は二期の工事に分けて完成することが当初、計画されていた。音響の問題は、礼拝堂が当初の設計の半分の長さで建てられているために起こる一時的なものであり、当初の計画通り増築し想定した長さで最適な音響になるよう設計されているというものであった。確かに、多くの礼拝堂の設計のみならず、神戸女学院の音楽ホールなど音楽ホールなどの設計なども手掛けたヴォーリズであるから、音響に配慮せずに設計を行ったとは考えにくい。しかし、増築が行われることはなく、後年、音響を改善するために、レーモンドによる大規模な改修が行われることになる。ヴォーリズはこのことを大変悔しがっていたという［片桐・佐藤：１９９９］。

コミュニケーションの問題とは以下のようなものである。１９５２（昭和27）年の開学以降、ハケット、トロイヤー、湯浅八郎は三鷹のキャンパスに勤務するようになり、建築に関連する意思決定も、ニューヨークの財団ではなく、キャンパス内で行われるようになっていたが、主に英語が使用されていたことには変わりがなかった。ヴォーリズ事務所のキャンパス駐在社員にとってネイティブ英語のハードルは高く、また意思決定のためには本社の判断を仰ぐ必要があったため、大学側の意図は、主にハケットが近江八幡のヴォーリズに手紙で伝え、ヴォーリズの意思決定を現場に伝えるという形をとることが多かった。当然、この複雑な伝達方法には時間がかかり、また、その過程で多少の行き違いが生じたとしても不思議ではない。このため、ハケットは英語が堪能で単独で決断できる役員級の人材をキャンパスに配置することを、何度かヴォーリズに提案し［Hackett：1951a］［Hackett：1951b］、実際に監督所員の交代も行われたが［Vories：1956］、事態を大きく変えるには至らなかった※3。そして、ヴォーリズが１９５７（昭和32）年夏に軽井沢で倒れ7年もの長き病気療養に入ったこと、

※3　これらの問題のさらに詳しい経緯については、補章を参照のこと。

また大学側でやり取りを担当していたハケットが体調不良で1957（昭和32）年5月に帰国したことなどにより、ハケットや湯浅らとの個人的つながりも薄くなり、1958（昭和33）年のシーベリー・チャペルを最後に、国際基督教大学とヴォーリズ事務所は、しばし疎遠となるのである。

以下、1954（昭和29）年から1958（昭和33）年にヴォーリズ事務所が設計を手掛けた建物を見てみよう。

礼拝堂（1954）

1953年の秋に着工し、1954年５月９日、献堂式が行われた［アイグルハート：1990：162、172］。キリスト教を重視する考えから、住宅、本館を除くと、最も早く建設されている。建築費はアイオワ州のキリスト教徒の寄付で賄われた。

図１　礼拝堂東面

白いモルタルに正面の丸いバラ窓が特徴のロマネスク様式的なファサードで、いかにもヴォーリズ的である。構造は鉄筋コンクリート、屋根は金属葺き。（提供：国際基督教大学歴史資料室）

図２　礼拝堂内部のスケッチ

設計段階で、ヴォーリズ事務所員の隈元周輔氏により描かれたと思われる内部のスケッチ。これを見てもロマネスク様式を意識していたことが分かる。（提供：国際基督教大学歴史資料室）

図３　礼拝堂内部

スケッチとは異なり、簡素な造りになっている。２階信徒席の配置、ドアの位置など、基本的な構造は現在と変わっていない。（提供：国際基督教大学歴史資料室）

大学食堂（中央部1954、両翼部1957）

中央部は木造、両翼部はRC。厨房42.45坪（140.3㎡）、食堂120.18坪（397.3㎡）。費用は、中央部1701万6073円（４万7430ドル）、厨房設備593万2700円（１万6540ドル）、ボイラー室および煙突393万2000円（１万960ドル）。第一男子寮・第一女子寮ともに、アメリカ・バプテスト派、福音改革派、長老派の寄付等で建設［Hackett：1955］。2009年建て替えで撤去。

図４　正面外観

他のICUのヴォーリズ建築と同じく赤い和瓦葺きの切妻屋根、ベージュのモルタル壁、鉄平石張りの階段、テラス。両翼部は、金属葺き。（提供：国際基督教大学歴史資料室）

図7　北面外観
赤い和瓦の切妻屋根、ベージュのモルタル壁、小屋裏の突出など、キャンパスにおける一連のヴォーリズ建築の意匠。構造は木造。（提供：国際基督教大学歴史資料室）

図8　南面外観
窓も、さほど大きくなく、落ち着きある外観。中央にはラウンジ暖炉の煙突。住宅を除くとキャンパスの建物のなかで最もヴォーリズらしい建物で、筆者も好きな建物だった。エアコンの室外機とそのパイプがなかった竣工当時はもっとすっきりしていただろう。（提供：国際基督教大学歴史資料室）

図9　玄関部分（左頁）
突き出した北入りの玄関、玄関正面にラウンジ（ソーシャル・ルーム）、その両側と２階に居室といったプランは（居室の大きさは異なるものの）第一男子寮・第一女子寮と同じである。オークの床材などの仕上げの違いやブランケット照明などにより落ち着いた雰囲気。（提供：国際基督教大学歴史資料室）

図5　東北面外観
小屋裏を白く塗って強調し、小屋裏を出した住宅などの意匠と合わせている。両翼部はコンクリートの柱の間に大きな窓、壁はレンガ。（提供：国際基督教大学歴史資料室）

図6　食堂西翼内部
西面に大きな暖炉。暖炉はヴォーリズ建築の特徴のひとつ。北面・南面は木製サッシによる全面的な大開口で、モダニズムを感じさせる。大開口と、柱や梁のない大空間を成立させるために RC を選択したのだろう。（提供：国際基督教大学歴史資料室）

メイプル・グローブ（楓林荘）(1955)

第二女子寮の南側、泰山荘の北側にあった、女性教職員用アパート（2008年、新寮建設で撤去）。建築費は（家具を含めず）2165万円（６万350ドル）、一坪あたり10万9000円（304ドル）。メソジスト教会の女性ボートの寄付で賄われた［Hackett：1955］。完成直後は学生寮として、後年はゲストハウスとしても使用された。

図11　第二男子寮北面
赤い和瓦による屋根は付いているものの、実際は陸屋根。屋上は洗濯干し場で、屋上に出るための階段室の塔屋と煙突が見える。女子寮も、東西を反転させた同じ設計である。

図12　第二男子寮南面
窓のプロポーションは第一寮と共通するが、３階建てであり、鉄平石張りのテラスが付く。左にある玄関はアドバイザー教員用住宅の玄関、右手の突出部は寮母室。

図13　第二女子寮ソーシャル・ルーム　および和室（次頁）
第一男子寮・第一女子寮にはなかった和室が、約40センチの高低差を付けて設けられる。この高低差により、寮会（全在寮学生による寮の運営会議）の際には寮長およびキャビネットメンバーが和室に座り、他の寮生はフロアの椅子に座る、寮祭の演芸会の練習では舞台として使うなど、様々な使い方が可能に。ソーシャル・ルームとそれに隣接した和室は、その後の寮にも引き継がれた。和室奥には床の間がある。

図10　ラウンジ
暖炉も、住宅などの鉄平石張りより費用がかかった仕上げになっている。（提供：国際基督教大学歴史資料室）

第二男子寮・第二女子寮（1956）

第二男子寮はアジア財団からの寄付金に大学が補足した資金、第二女子寮はハワイの聖公会からの寄付により建設された［アイグルハート：1990：204］。第一男子寮・第一女子寮建設から２年しか経っていないが、ソーシャル・ルームに続く和室、南面のテラス、玄関横に設けられた広い下駄箱室など、より工夫され、使いやすくなっている。完成当時の収容人員は、男女とも64人。第二男子寮は、2015年夏に樅寮・楓寮に建て替えのために取り壊された。第二女子寮も同時に取り壊され、2018年３月現在、更地となっている。

ディッフェンドーファ記念館
(1958)

現在、Ｄ館東棟と呼ばれている建物。1951年10月にアメリカで募金活動が始まり、４、５年かけて、数件の大口の寄付を組み合わせ、建築費を賄った［アイグルハート：1990：140、220］。最終的な建築費は不明だが、最終見積もりは１億1270万円（31.3万ドル）となっている。プランは、正方形の中心に中庭を置き、北側にオーディトリアム、南側に部室や事務室を配置したもの。これは日照等の条件、本館との位置関係によるものであろう。本格的なホールを持ち、「部室など学生の課外活動の場となる学生会館はそれまで日本の大学にはなく、斬新な建物であった」。（以下、本章鉤括弧内は［稲冨：2009］による）

図16　模型およびスケッチ
手すりのついたテラスを配したファサードに、本館と向き合う形で、ディッフェンドーファ記念の噴水を囲む円状の壁を挿入するという、設計の意図がよく分かる模型とスケッチ。（提供：国際基督教大学歴史資料室［ICU：1958］）

図14　第二女子寮居室（南面）
居室南側は、大きな窓、その両側に造り付け本棚、２段ベッドを２つ置くことを想定した高い位置のコンセントなど、第一寮と同じである。開寮当時は１室４人、2000年頃からは１室２人となっている。

図15　第二男子寮居室（北面）
北側は、第一寮と異なり、造り付けのクローゼットが設置されている。1990年代の改装により作り直され扉がなくなっているが、オリジナルは引き戸の飴色に塗装した扉が付いていた。女子寮と異なり、床が木製タイル張りとなっている。

図19　フォイヤー
床は大理石仕上げで、「礼拝堂の床につけられる迷路状の模様（ラビリンス）をモチーフに、白と黒の大理石で模様がつけられる。当時、監理をしていた稲冨昭氏によれば、費用を抑えるために半端な大理石を集めるなど苦心を重ねたが、施行中にトロイヤーが訪れ、「Beauty in simplicity!」とかなりの剣幕で怒られたという」。［稲冨：2009］

図20　オーディトリアム（次頁）
天井は日本建築で使われる網代天井（あじろてんじょう）*、現在は取り換えられているが、「座席は西陣織の生地を張ったものであった。地下にはオーケストラ・ピットを備え、野外と一体で演劇ができるよう舞台奥には大きな扉が設けられている。」［稲冨：2009］

*薄く裂いた杉、桧、竹の皮などを使って編んだもので、数寄屋の座敷や茶室などに用いられる天井。

図17　西面外観
建物の周囲の手すりつき縁は、日本建築において、寺院や神社、城などで建物の格式の高さを示す意匠として用いられたものである（高欄（こうらん）つき廻縁（まわりえん））。これを再解釈してモダニズムの意匠として用いるのが、1960年代前半の主に庁舎建築で流行したが、丹下健三の香川県庁舎（1958）と並んでかなり早い時期。「D館もモダニズムによる和風、軽快さの表現を意匠の狙いとしている。手すりは、なるべく細く見えることを狙って」、リブ（へこみ）を入れ、「部材単位でコンクリートを打ち、それを組み立てるという木造的な作りとなっている」。［稲冨：2009］

図18　2階テラス（左欄）
玉石洗い出し仕上げの、石の密度、大きさを変化させることにより、床には、尾形光琳の屏風絵のような模様がつけられている。サッシは、「メンテナンス・フリー化を狙って、当時使われていたスチールサッシをアルミで置き換えた特注品で、日本で最も早いアルミ・サッシのひとつ」。非常に細いサッシ枠が、軽快さを感じさせる。「奥の壁の正方形の目地は、打ち放しコンクリートのひびを防止するもの」であるが、障子を連想させる。［稲冨：2009］

図21　南面外観
内部とのギャップを狙ったと思われる、コンクリート打ち放しの低く地味な外観。木々や生け垣に覆われることによりさらに目立たなくなっている。

図22　エントランス
合板に濃い茶色の塗装が施された壁と、黒い人造大理石に、白い大理石を散らした床により暗めに演出されたエントランス。天井は、三角形の合板を組み合わせて作られている。正面には中庭が見える。

シーベリー・チャペル（1959）

ダンフォース財団からルース・シーベリー（Seabury, Ruth Isabel 1892–1955）を記念した５万ドルの寄付があり建てられた。シーベリーは、海外ミッションの役員として大学におけるキリスト教プログラムを実現するために多くの国を訪れ、日本国際基督教大学財団にも協力していた［アイグルハート：1990：223］［Wikipedia：2010］。プランは、三角形の建物のなかに三角形の中庭を設け、その両脇に礼拝堂と集会室を配し、中庭の頂点部分に納骨室が設けるもので、意匠も徹底して三角となっている。国際基督教大学の湯浅学長らの指名によりヴォーリズ事務所が設計を行っているが、ヴォーリズは関わっておらず、実質的に片桐泉による設計である。コンクリート打ち放しによる幾何学的な造形には、ルイス・カーンの影響もうかがえる。

図23　礼拝堂

エントランスを進んで右側が礼拝堂。三角形に走るRCの白い梁の間を、布張りの三角形の天井が覆う。各三角形の中央には、スポットライトが星のように配され、中庭からの光で明るい。左手奥の扉は納骨室に続く。

図24　集会室

エントランスの左側の集会室。礼拝堂と同じように三角形の梁の間を天井で埋めるが、三角形の格子による天井となっている。

図25　納骨室

集会室と礼拝堂の間には、国際基督教大学に功績のあった人びとを称える納骨室、記念室がある（現在、法令のため遺骨は置いていない）。碑に書かれているのは「神に感謝しICU創立者と彼らの幻を承け継いだ人びとを記念して」という言葉。

図26　西面外観

納骨室の碑の裏側も、碑になっているという凝った造り。書かれているのは「心の純潔とは善を意欲することである」というキルケゴールの言葉。碑の上の屋上から突き出ているのは雨どい。

第8章

志村建築士事務所 1957

有名で研究が進み、大学や事務所に多くの資料が残っているヴォーリズとは異なり、志村建築士事務所に関しては、不明なことが多い。

まず、国際基督教大学の建物の設計を担当するようになった経緯が不明である。ハケットの1956年10月2日の手紙では、大学院生用の寮を「Shimura Company」に依頼したと書かれている［Hackett：1956］。1956年夏頃に、大学は主任建築家制度をやめたので、その直後に依頼されたことになるが、なぜ志村建築士事務所が選ばれたのか、その経緯は不明である。1957年6月起工のD館の設計がコンペによって決定されたとされることから、志村建築士事務所もコンペによって選ばれたと考えられるが、現在のところ、それを証明する資料や証言を入手できていない。

第二に、志村建築士事務所がどのような事務所なのか、分かっていない。事務所の名前から「志村」という名前の建築家の個人事務所だと考えられるが、志村の経歴や人物像はまったく不明である。また、国際基督教大学の2つの建物以外に、その名を残すような建物は知られていないように思える。

志村は確かに無名であったのかもしれない。しかし、彼の設計した2つの建物からは、彼の確かな設計能力を見て取れる。いずれも、建物の北面中央に玄関、その横に下駄箱室とインフォメーション・ルームを置き、和室と続きになったソーシャル・ルームを1階に配し、主に2、3階を居室とする、ヴォーリズから続く国際基督教大学の寮の典型的なプランを踏襲しつつ、独自のアレンジを加えている。第三女子寮では、ソーシャル・ルームを玄関から離して配置することにより北面と南面の両方に窓を設けることを可能とし、玄関から見えないようにしているのに加えて、床面を廊下より低くして、他寮のソーシャル・ルームよりも、独立した、よりプライベートな空間としている。シブレーハウスのソーシャル・ルームは、家族や大学院生の寮のためであろうか、規模は小さいものの、暖炉を配し（ヴォーリズ的である）、壁は印象的な水色で塗られ、天井まである大きな窓により光と庭の緑を取り込む。モダニズムの建物外観も、それぞれが独特で特徴的であり、特に軽快なひさしと屋根、どことなく船を思わせるシブレーハウスは印象深い。通常はモダニズムにそぐわない暖炉の煙突の処理も見事である。志村がどのような建築家であったのか、今後の研究がまたれるところである。

以下で、1957（昭和32）年の志村建築士事務所設計の建物を見てみよう。

図2　ソーシャル・ルーム
他の寮は、玄関の正面にソーシャル・ルームを置き、玄関ホールに面する部屋の北側に入口を設けているが、第三女子寮のソーシャル・ルームは玄関から続く廊下の東側の突き当たり、１階東端に位置し、部屋の西側に入口が設けられている。廊下より床を１段下げている点も他の寮と異なるが、40㎝程度高めた和室を設けている点は、第二男子寮、第二女子寮と共通する。

図3　居　室
北側に廊下およびドア、ドアの脇にクローゼット、南側に窓、窓の両側に造り付けの本棚という構成は他の寮と共通するが、面積は３分の２ほどであり、２人居住でぎりぎりという感じである。

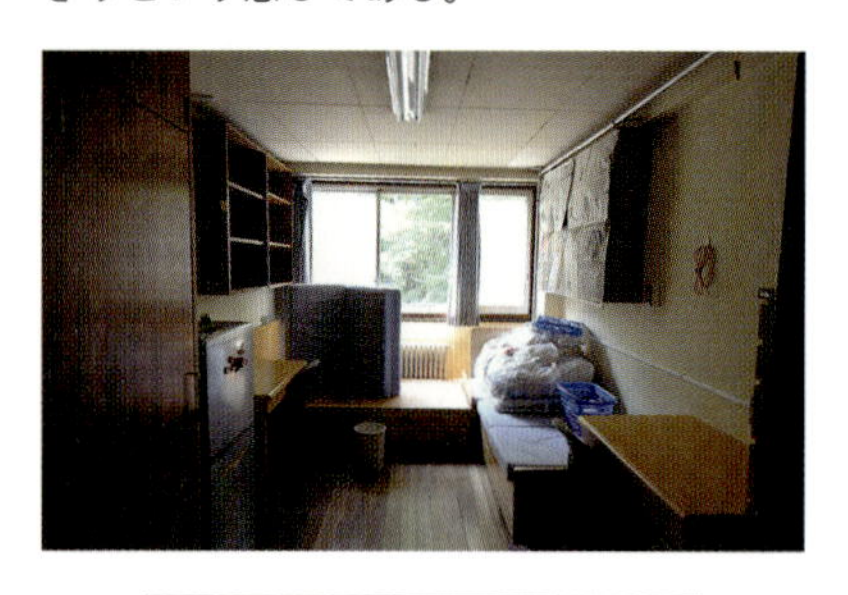

第三女子寮（1957）

残念ながら竣工式のパンフレットや写真が存在せず、設計の意図やオリジナルの形態等を知ることができない。アメリカのバプテスト教会婦人部からの寄付によるもので、伝聞によれば当初は学部４年生用の寮として各室２人とされていたため、居室が他の寮より狭くなっているという。1996年にレーモンド事務所の設計で改修が行われている。

図1　北　面
モルタル仕上げで窓が小さく比較的重厚な雰囲気である。どことなく、本館北側を思い出させる。

図5　ソーシャル・ルーム
北入りの玄関を入って右側、１階西に設けられたソーシャル・ルームには暖炉が付く。天井まである大きな窓により非常に明るい。壁の緑がかった水色は扉や階段、廊下などでも使われ、内装のテーマ色となっている。カメラの背後には、やはり小上がりの和室がある。

図6　既婚者用居室
ふすまによって仕切ることができる二間で、カメラのすぐ左側にはトイレ・洗面・シャワー室が、右側にはキッチンがある。

シブレーハウス（1957）

既婚者および大学院生用の寮で、JICUF婦人委員会からの７万ドルの寄付で建設された［アイグルハート：1990：212］。名前は、婦人委員会で中心的役割を果たしたシブレー夫人（Georgiana Farr Sibley 1887–1980）にちなむ。第三女子寮と同じく志村建築士事務所による設計とされ、第三女子寮に隣接し同時期に建設されたと思われるが、意匠や構造はまったく異なる。1997年にレーモンド事務所の設計で改修が行われている。

図4　南　面
白い色、水平の薄いひさし、後退した２階などにより、軽快な印象。暖炉の煙突（２階左の柱上のもの）も非常にうまくモダニズムのデザインに溶け込んでいる。

第9章 レーモンド時代 1958〜1962

1956（昭和31）年夏頃からの主任建築家の不在は、1959（昭和34）年にアントニン・レーモンドがその地位に就くことにより解消された。建物の建設が続くこの時期、その都度、コンペによって、建築家を決めるのは労力が掛かり過ぎたということだろう［アイグルハート：1990：212］。1949（昭和24）年のキャンパス建設開始時、本館などの中島飛行機の既存施設の撤去を主張して主任建築家に選ばれなかったレーモンドであったが、約10年の歳月を経て国際基督教大学の主任建築家となったのである。その時のことをレーモンドは自伝で「悦ばしいこと」［レーモンド：2007：255］と記している。

レーモンド招聘のきっかけは、1956（昭和31）年頃から始まった図書館の新築計画にあった。1952（昭和27）年の開学以来、図書館は本館2階西側に置かれていたが、数年たつと蔵書が9万冊に増え、その重量により本館が危険な状態になっただけでなく［アイグルハート：1990：213］、貸出中の本がすべて返却されると棚から溢れる状態となり［ICU：1960：6］、図書館の新築が模索されていたところ、1956（昭和31）年になって、アメリカのクレスギー財団（The Kresge Foundation）※1から、不足分を補う他の支援者を1

※1　アメリカの5 & 10 cent Storeチェーン創業者であるSebastian Spering Kresge（1867-1966）によって1924年に設立された財団。この小売チェーンは後年Kmartとして知られるものである［Kresge Foundation：2018］。

958（昭和33）年5月までに見つけるという条件付きで5万ドル（1800万円）の寄付の約束がもたらされ、本格的に計画に着手したのである［ICU：1960：6］。翌1957年、ジョン・D・ロックフェラー三世（John Davison Rockefeller III 1906-1978）個人より、25万ドルの寄付と、プリンストン大学などの図書館の設計を手掛けてきた建築家ロバート・B・オコナー（Robert B. O'connor）の紹介があり、計画は一気に実現に向かう。オコナーは1957（昭和32）年10月に来日し、国際基督教大学の図書館に関連する調査を行うとともに、日本で実施設計を行う建築家を探した。この時、長い在日経験、近代建築の第一人者であること、そしてオコナーとニューヨークの同じビルに事務所を構え連絡に便利であることから選ばれたのが、レーモンドであった［高橋：1960：6］。オコナーは、帰国後1か月で図入りの詳細な報告書を作成し、これに基づいてレーモンドは設計を行った。オコナーはその後も数回来日し、また手紙のやり取りなどを通じて設計に関与した。さらに図書館長であった高橋たねの努力もあり、国際基督教大学図書館は先進的な、東洋初の完全開架式図書館として完成したのである。ラウンジの設置も初めてであり、窓際に配置されたキャレル※2も目新しいものであった［三沢：1998＝2007：159］。

翌1959（昭和34）年、レーモンドは礼拝堂改築の設計とキャンパスのマスタープランの作成を行っている。レーモンドが正式に主任建築家となった時期は不明だが、少なくともキャンパスのマスタープランの作成を依頼された時点で、単なる図書館の実施設計担当者ではなく主任建築家の地位を確保していたことは明らかであろう。このマスタープランは、図面等の存在を確認できず、残念ながら、どのようなものであったのかを知ることはできない。礼拝堂は1954（昭和29）年に竣工したばかりであったが、反響により説教が聞き取れな

※2 Carrel. 図書館の書架の間に設けられる研究・読書のための机。

いという音響の問題があり、その他、玄関周りの狭さなどの不便もあった。これらの問題に対処すべく、レーモンドは礼拝堂の徹底的な改装の設計を行った。礼拝堂自体をD館ぎりぎりまで西側に延長し、ベルタワーと南北の集会室、正面玄関前のポーチを増築、内装、外装も全面的に改装して、現在の礼拝堂の姿となったのである。

図書館と礼拝堂には、既存のヴォーリズ事務所の建物のうち、D館とシーベリー・チャペルを意識している部分があるように筆者には感じられる。D館は、牧師事務室としての機能があり礼拝堂に隣接していること、また最初の案ではD館部分も含めて一つの大きな礼拝堂として計画されていたこと、などから、礼拝堂と強いつながりを持っている。このため、先に完成したD館東館の意匠に合わせようという意図があったとしても不思議ではない。それは、打ち放しコンクリートに正方形の目地を入れた外観、花崗岩の階段、D館オーディトリアム前のポーチと同じような渡り廊下、などに見られるが、いずれもそのまま流用するのではなく、形などに工夫が凝らされ、より洗練されたデザインになっている。シーベリー・チャペルは三角形の構造に基づき、天井などに三角形の意匠が用いられているが、図書館でもひし形の構造に合わせて、ひし形の意匠が見られる。また、人造大理石のなかに大きな大理石を散らすのも、シーベリー・チャペルの床と通じるところがある。このようなところに、レーモンドの柔軟さと、自分だったら既存のもの以上に美しいものが作れるのだという自信を感じるのは筆者だけであろうか※3。

同じ頃、レーモンドは、2軒の住宅も手掛けた。これは、1959～60（昭和34～35）年に、海外から10名の教員を招聘したこと［アイグルハート：1990：225］に対応したもので、語学科のクライニヤンズ（Everett Kleinjans）とリチャード・リンディ（Richard Linde）のた

※3　一方で西島は、教会の外部の目地はクラック対策、図書館のひし形の意匠はノエミの発案ではないか、と推測している［西島・渡邊：2010］。

めの住宅であった［三沢：1999：62］。その他、レーモンド事務所のプロジェクト・リストには、職員アパートとカナダハウスの記録が残るが、図面等が残されていないため、詳細は不明である［西島・渡邊：2010］。大学では、カナダハウスの設計は大成建設であると認識しており、基本設計やスケッチなどをレーモンドが行って図面等を大成建設に渡し、実施設計を大成建設が行ったため、図面がない、設計者の認識が異なるなどの状況になったのではないかと推測される。

これは、1962〜63（昭和37〜38）年頃、レーモンドが主任建築家を辞任したことも関連しているように思われる。レーモンドによれば、学内公的組織のみならず、夫人たちからの「馬鹿げた要求」や、学校側も絡んだ施工業者との対立などにより辞任に追い込まれたのだという［レーモンド：2007：255］。芸術家肌で、自分の作品を作ることに厳しいこだわりを持つレーモンドにとって、あれこれと指図を受けるのは特に耐え難いことであったのだろう。

このようにレーモンドが国際基督教大学に関わった期間は3〜4年に過ぎないわけだが、その最大の功績は、本館前の丘を作ったことにあると筆者は考える。いつの頃からか、「バカ山」と呼ばれるようになったこの丘は、図書館の地下部分の建設に伴い、搬出された土によって作られた。しかし、ただ土を置いただけではなく、まったく適切な高さと大きさで、優雅な形であり、そこには、まちがいなくレーモンドの美のセンスを体現しているのである。

以下、レーモンドが設計を手掛けた図書館と礼拝堂、住宅を見てみよう。

図書館（1960・1972）

1959年６月着工、1960年８月竣工。総工費１億5000万円で、５万ドルがクレスギー財団、25万ドルがロックフェラー三世、残りの12万5000ドルは国際基督教大学の後援団体たるアメリカのプロテスタント15会派からの寄付による。1960年に完成したのは東側（玄関・階段部分まで）で、1971年に西側を増築し完成となった。図書館の設計は、基本設計がオコナー、実施設計がレーモンドという位置づけであるが、オコナーは主要な配置（プラン）の部分を決定し、意匠や構造などそれ以外の広い範囲はレーモンド独自の設計となっている。レーモンドは、キャンパスにおける図書館の重要性を理解し「異常な情熱をかけて」［植松：2001］設計に取り組み、初めてとなるいくつかの斬新な試みを行った。ひし形の薄い梁により荷重を受ける構造や、柱の内部への空調ダクトの配置などがそれで、これらは、オコナーの設計を日本で実現するために工夫するなかで生まれたものである。また、柱を外壁に出さず内部に置いて窓を広くとる芯外しの構造、日照をさえぎるルーバーなど、レーモンドが従来から得意としていた手法も取り入れられている。

図１　1960年の完成直後の図書館

完成の直後の図書館を西側（本館から撮影したと思われる）より撮影したもの。増築に伴い撤去された西面も、現在の西面と同じ窓と縦ルーバーがつき、完成された外観となっている。木がまったくないので、アプローチの美しさも分かりやすい。（提供：国際基督教大学歴史資料室［ICU：1960：17］）

図２　図書館南西面

西側のアルミの縦ルーバー、南面の水平ルーバー、ひさしの丸い穴、壁を突き出した角の処理がよく分かる。外に突き出した壁は地震の揺れを抑える働きを持つ［ICU：1960：7］。縦ルーバーには、角度を変更するためのハンドルが内側にある。広くドライエリア（空掘り）をとり、地下でも地上階と同様の明るさを確保。ドライエリア底面はコンクリートで、やはりひし形の目地がある。

図5　ひし形の梁

施工中のひし形の梁の様子。オコナーの基本設計ではフラット・スラブ（梁を設けない平らな鉄筋コンクリート）の床となっていたが、日本では梁を設けないと地震に耐えられない、しかし、各階の天井を低くしたくない、というジレンマのなかで生まれた［西島・渡邊：2010］という。完成時のパンフレットでは、開放的な開架で耐震壁の配置が困難なため、周辺の柱や壁に力を伝えるためにこの方式が取られたと説明されている［ICU：1960：7］。いずれにせよ、この仕組みにより通常の梁を用いた場合よりも、天井を高くすることができたのである。設計段階で、所員がこのひし形の梁を表し（そのまま見せること）にするか、と聞いたところ、レーモンドは天井には天井を張るものだ、と答え、天井が張られることとなったが、施工後にこの梁の見事さを見たレーモンドは後悔したという。事実、同じ構造を用い1962〜64年に作られた南山大学の図書館では、一部を表しにしている［西島・渡邊：2010］。（提供：レーモンド設計事務所）

図3　ひさし部分のコンクリート型枠

配筋の間に、塩ビのパイプを切断したものと思われるものを置いている。（提供：レーモンド設計事務所）

図4　図書館北面

東・西・南面とまったく異なる北面の表情。柱が壁面に出て窓にひさしがついている。傘を逆さにしたような玄関ポーチの造形が目を惹く。完成当時はコンクリート打ち放しだったが、白く塗られたのは1971年の西側増築時で、増築した部分のコンクリートの表面の出来が思わしくなかったため［西島・渡邊：2010］という。通常の3階建てとせずに、地階を設けた2階建てとしたのは、真中の階に入口を置き、上下の移動を減らす意味［ICU：1960：9］もあった。

図8　屋上塔屋内部
光が両側の小窓から差し込み、非常に美しい空間。

図9　屋上塔屋外観
当初は、利用者が自由に使える休憩所として考えられていたようで、ベンチが設置されている。極めて薄い屋根は円形で、反対側（東側）は円を組み合わせた複雑な形をしている。屋根に隠れて見えないが排気塔の形なども、造形的に工夫が凝らされたものである。手前には、最初の建物と増築部をつなぐジョイントが見える。

図6　2階トイレ
床に、灰色と黄色の人造大理石を、真鍮の目地で分け、ひし形の意匠となっている。このほか、階段脇の床、玄関ホールなどに、同じようなひし形の床がある。

図7　2階東側キャレル部分
窓の内側に設けられた柱、そこから外に伸びる壁の様子が分かる。柱の中には空調ダクト、屋上からの雨どいが納められ、下部にはエアコンの排気口が設けられる（吸気口は天井）。当初のキャレルの机・椅子は、レーモンド夫人のノエミによるデザインで、フィリピン・マホガニーを使った簡素でありつつも美しいものであった。奥には2009年に行われた耐震補強工事で設置されたブレース（柱と柱の間に斜めに入れて建物の構造を補強する部材で筋交（すじか）いとも言われる）が見える。

礼拝堂改築（1960）

1960年夏竣工で、図書館の新築工事とほぼ同時に工事が進められた。現在の祭壇両脇の扉より奥の部分が拡張された部分となる。総工費15万ドルは、JICUF 夫人委員会の募金活動により賄われた。［アイグルハート：1990：220、235、245］

図12　礼拝堂正面
丸いバラ窓はふさがれ、D館の意匠に合わせたかのような、四角い目地の切られたコンクリート打ち放しに、蛍光灯を仕込んだ十字架がつく。付け柱により面が単調になることを防ぐ。ポーチを増築し、階段をポーチの幅に広げている。

図13　玄関ホール
有孔ベニアを目地を空けてかまぼこ状に貼った天井には、ダウンライトと、蛍光灯による間接照明が付く。特別な材料ではないが、デザインの力を感じる空間。

図10　屋上塔屋の配筋の様子
複雑な屋根の形がよく分かる。当時はコンクリート製造工場やポンプ車がなく、現場でセメントと砂、水を調合し練って作ったコンクリートを、一輪車で運んで打設した［植松：2001］。（提供：レーモンド設計事務所）

図11　バカ山
図書館の巨大なドライエリア（明るくするために地階の周囲につくる空間）から排出された土を使って、作られた丘。良く見ると所々をへこませたり複雑な形状である。休み時間には学生が集い、授業が行われることもあるなど、国際基督教大学の象徴的な空間となっている。土を盛る工事の際は、レーモンドが立ち会い、形状等を指示した。その際「醜い本館が少しでも見えなくなるように」と所員に語ったという［西島・渡邊：2010］。

図16　側面のディティール
それ以前は縦に長く上部がアーチとなった窓が付いていたが、それを覆うように入り口方向に斜めに突き出す短い壁を付け、その奥に窓を設けている。これは光の効果を狙ったもので［西島・渡邊：2010］、レーモンドの代表作のひとつである、目黒の聖アンセルム教会（1954）と同じ作りとなっている。本来ならば、窓のガラスにはステンドグラスが使われるところだが、予算の制約のためか、ノエミのデザインで通常のガラスに着色プラスチック材で模様が描かれ、ゼラチン・ペーパーが貼られている。当初は色とりどりだったようだが、現在は退色が進んでいる。この窓も、聖アンセルム教会で使われた手法と同じである。

図17　祭壇の階段ディティール
玄関の階段と同じデザインで、同じ花崗岩。

図14　礼拝堂内部正面
礼拝堂の正面のパイプオルガンは、後年（1970年）に設置されたものだが、素晴らしい意匠。まるで最初からデザインされたかのように感じられる。

図15　礼拝堂内部
濃い茶色の塗装がされたベニアを目地を空けて貼った仕上げは、レーモンドの住宅の内装にも通じる。反響を抑えることを考慮して折板状の天井としているが、これはちょうど同時期に建設が行われていた、レーモンドの代表作、群馬音楽センター（1961）の内部と通じるものがある。斜めに突き出した窓にあわせた、側面の三角の突き出しも音響を考えて付けられたものだろう。

図21　ベルタワー

レーモンドにより増築され、「1959」の碑が付く。礼拝堂の窓の仕組みがよく分かる。ブレースは後年の耐震補強工事による。

住　宅（1960）

レーモンド設計の住宅は、ほぼ同一の設計で２軒存在する。これは1959～60年の、海外の教員10名の招聘［アイグルハート：1990：225］に対応し、語学科のクライニヤンズとリンディの住宅として隣接して同時に建設された［三沢：1999：62］。

図22　南　面

大きな連続したひさしが特徴的。壁面は板張りに茶色のペンキ仕上げ、屋根は緑色のトタン葺き。２階のテラスは、浴室から直接、外に出られるバス・コートで、現在はエアコン室外機が置かれている。

図18　北面廊下

増築された北面廊下。窓が大きくとられ、リズミカルに続く柱と梁や、レーモンドのデザインと思われる照明が美しい。

図19　北側集会室廊下

北側に拡張された部分で、倉庫や集会室が配される。スリット窓により光が入る。

図20　集会室内部

図25　２階廊下

玄関から続く廊下を９段上がった２階廊下。丸柱やベニアを釘打ちし茶色に着色した壁・天井は、レーモンドの住宅ではよく見られるものである。この仕上げは簡素でありながら電球の光で見ると非常に美しい。床はクッションフロア仕上げ。

図26　主寝室

２階南西に位置する主寝室。腰窓、それに合わせた造り付けの収納・机など洋風の空間構成に、窓の障子やクローゼットのふすまなど、和風の意匠を組み合わせたものとなっている。

図23　北東面

敷地の高低差を使って、高い北側に１階建て、低い南側に２階建てを置き連結したスキップ・フロア構造としている。南面から回り込んだひさし、片流れの屋根の軒（のき）は、いずれも垂木（屋根板を支えるための細い木材）・野地板（垂木の上に張る屋根板）表（あらわ）しで、和風の構造・意匠。煙突は北側に位置する暖房・給湯用ボイラーのもの。

図24　リビングルーム

25畳以上はありそうな広大なリビングルームは、北側の玄関から５段下がった南西に位置する。柱を窓の内側に置き、柱に影響されずに引き戸を移動できる芯外しや、床から浮かした造り付け戸棚など、レーモンドの得意とした意匠が見られる。テーブルもレーモンド（妻ノエミ？）の手によるものであろう。左手はキッチンとなる。

第10章 キャンパスの縮小

1950年代後半は、次々と建物が建設される一方で、中島飛行機から購入した広大なキャンパスの縮小が始まった時期でもある。当初計画より大学の規模が大幅に縮小し、利用の予定がない区域が多くあったことを背景に、大学運営費の赤字や建物建設費の高騰、さらなる基金充実等への対応に迫られていた国際基督教大学は、土地譲渡の申し入れがあると慎重に検討し、用途等に条件をつけて売却を行った。

この最初のケースが、1957(昭和32)年の東京都への土地売却であった。ニュータウンと既存の市街を緑地で区切って都市の無秩序な膨張を防ぎ、良好な環境の創出を目指したグリーンベルト構想※1に基づき、東京都から譲渡の依頼があったのである[アイグルハート::1990:214]。結局、西武多摩川線以西の6万7000坪※2を2億4000万円で売却することとし、その代金は日本人教職員の給与と退職金基金として使われた。現在、この土地の西の部分は府中運転免許試験場(1958(昭和33)年8月開場)、北および東は都立武蔵野公園(1959(昭和34)年8月開園)となっている。1961(昭和36)年春には、アメリカン・スクール・イン・ジャパン(以下ASIJ)から、手狭になった目黒キャンパ

※1 東京のグリーンベルト計画は、東京市(現在の23区)の外周に環状緑地帯の設置をうたう1939(昭和14)年の東京緑地計画に端を発する。これは「20世紀初頭から1920年代にかけて確立した欧米の地方計画や緑地計画に源流を持ち、特に大正12(1924)年に国際都市計画会議(アムステルダム)で提唱された大都市の膨張抑制、グリーンベルトの設置、衛星都市の建設等を内容とする7ヶ条の決議に大きく影響された」[国土交通省:2000]ものであった。1940(昭和15)年以降、この計画に基づき、田畑・山林等の民有地を買収し、公園を設置している。小金井公園の前身である小金井大緑地もこのころ設置されたものである。戦後は、緊縮財政のために計画はほとんど実施されなくなったが、1957(昭和32)年制定の首都圏整備法で緑地帯を指定する制度を設け、再び緑地の設置を目指すことになった。国際基督教大学に土地譲渡の依頼があったのはまさにこの時期である。しかし、その後、地権者などの反発から、グリーンベルト計画は、既存緑地の保全を

スの移転先として土地譲渡の依頼があった。日本中の多くの人々の寄付により購入された土地であることを踏まえて、「国際的、キリスト教的、教育的目的に適う目的以外には敷地を分割、譲渡してはならないという規定を明文化していた」［アイグルハート：1990：261］国際基督教大学の理事会は、規定に合致していることを確認し、後援会役員の同意を得た上で、敷地の南西端（現在の野川公園の南西端）の1万5000坪を100万ドル強で譲渡し、基金に組み入れた。アメリカン・スクールは1963（昭和38）年に調布のこの地に移転した。同年、ユニオンチャーチにも、のちにルーテル学院大学キャンパスとなる土地1100坪を譲渡している。また、1965（昭和40）年には、三鷹市牟礼から移転する東京神学大学に5000坪、1966（昭和41）年には都道用地として東京都に8400坪※3、およびルーテル神学大学（現ルーテル学院大学）に7000坪、1970（昭和45）年には野川改修のために5200坪、1972（昭和47）年には安田信託銀行グラウンド（現、正門横の住宅分譲地）として7100坪、1977（昭和52）年には中近東文化センターに1900坪、1980（昭和55）年には都道拡幅のために252坪を売却している。

なかでも最大のものは、1974（昭和49）年から1980（昭和55）年にかけて東京都に譲渡された、現都立野川公園部分の10万9000坪である。この部分には、開学当初から、戦後の食糧難に対応すべく農場が置かれていた。当初はアメリカの牧場主から寄贈された20頭のジャージー種乳牛により※4、後年は入れ替えられたホルスタイン種によって毎日1000人分の乳製品を生産し、羊、豚、3種類の鶏も飼育され、試験的に稲作も行われていた［アイグルハート：1990：135、212、301］。しかし、1960年代に入ると、食糧難が解消する一方で、通常の大学運営ですらアメリカからの寄付で赤字を補填する場合が

基本とする大幅に後退したものとなり、現在に至っている。三鷹周辺に緑地が多いのは、グリーンベルト計画の名残という側面もあるのである。

※2　以下の譲渡坪面積は石川［1982：4］による。しかし、府中運転免許試験場と都立武蔵野公園部分の譲渡面積6万7000坪（アイグルハート［1990：214］）は間違いであろう。武蔵野公園の面積は23万9294平米＝7万2386坪［むさしの都立公園：2018］、免許試験場の面積は公式には発表されていないものの武蔵野公園との比較で3万坪以上はあろうと推測でき、併せて10万坪以上ではあったのではないかと考えられる。それとも国際基督教大学以外の土地も組み入れ、公園や試験場を形成したのであろうか。

※3　石川［1982：4］は、この都道を121号線としているが、121号線は三鷹駅の横を通って調布に至る三鷹通りであり、国際基督教大学キャンパスとは離れて位置している。都道14号線（東八道路）の間違いであろう。また、国際基督教

あること、インフレにより給与の引き上げや建物等、必要な設備を整えていくための費用が当初より必要となったこと、未整備だった教職員の退職金の問題などがあり、大学の長期的な財政基盤が議論されるようになっていた。そこでは、収益が上がらず、必然性が薄れた農場部分の土地をどうするかということが焦点のひとつとなったのである。

「次期10年計画」としてまとめられたこの議論の結論は、非常にユニークなものとなった。将来の売却も視野に入れつつ収益を上げられる、風致地区に見合う事業として、10年期限で18ホールのゴルフ場を設置することにしたのである。農場を大幅に縮小して1964（昭和39）年に開場したゴルフ場は、入会金35万円（うち寄付20万、預り金15万）、年会費5万円（寄付）、10年後に閉鎖しても異議を申し立てないとの条件で、800人の会員を募集した。総工費4億円は入会金と年会費で賄われ、ビジター料と食堂収入などで年間5000万円の収入をあげた。都心に近いこと、ノーキャディで気楽なこと、大学経営の物珍しさなどで、人気のゴルフ場となったのであった。そして、1974（昭和49）年6月、予定通りゴルフ場の閉場が通告されると、一部会員が存続委員会を組織し存続を模索したが、大きな動きにはならずに、1975（昭和50）年3月に営業を終了した［国際基督教大学同窓会：1992：39-40］。

一方、東京都は、ゴルフ場閉場の数年前より、この土地に着目しグリーンベルトとして緑地公園を設置することを検討していた。美濃部亮吉東京

図1　ゴルフコースとキャンパスの航空写真
隙間なく配置された18ホール、6400ヤード。コース監修は小寺酉二、クラブハウス設計建設は大成建設。4、5、6番ホールは、キャンパスの北側、ハケの上の台地に配置された。写真左側に見える円形の建物はASIJの校舎。（提供：国際基督教大学歴史資料室）

都知事は、1974（昭和49）年5月、湯浅八郎理事長宛に正式に譲渡の依頼状を送った。当時の田淵實財務副学長は、ただちにキャンパス取得の募金運動の中心的存在であった一万田尚登名誉評議員を訪ね、都との交渉経緯を報告した。一万田は、この土地は全国からの寄付で購入したものであるから、その譲渡代金を使い切ることがないように確約してほしいと強い要望を出し、ゴルフ場を緑地公園として譲渡することに同意した。当時、大学は、同窓会や四大企業グループから賃貸住宅建設を提案されていたが、環境保全や建設費、また課税対象となる可能性などから、売却を決断したのである。その後、大学と都は交渉を重ね、1975（昭和50）年1月9日、都は「野川公園」計画を発表する。最終的に大学は、ゴルフ場と残っていた農場の土地※5を段階的に都に売却し、総額318億円の対価を得た。これが「ICU設立二十五周年記念基金」となったのである［武田：2000：80、181、184］。こうして1980年頃に現在のキャンパスの範囲と三鷹大沢の地の大まかな土地利用のあり方が確定した。また、潤沢な大学基金は、当時の高金利状況により多くの運用益を生み出し、1970年代後半から1980年代前半の校舎の建設ラッシュを可能にしたのであった。

　こうして振り返って改めて感じるのは、終戦直後の非常に貧しい時期に日本全国から集まった1億6000万円もの募金（うち1億2500万円で用地買収）の恩恵の大きさと、三鷹大沢の地を購入した山本忠興の判断の正しさである。募金が集まらず、十分な広さの三鷹大沢の土地を購入できていなければ、その後の大学の運営はかなり厳しいものになっていたであろう。また、当初検討されたように、三鷹以外の土地を購入していたのであれば、土地がこれほど価値を持つこともなかったであろう。一方で、キャンパス取得時の壮大な構想や夢

大学同窓会［1992：250］は、この土地の面積を7000坪としている。

※4　ジャージー種の牛乳は、ホルスタイン種に比べると濃厚なのが特徴で、国際基督教大学の牛乳は、「ビンを逆さまにしてもこぼれない」［国際基督教大学同窓会：1992：25］と言われ、1合10円で学生に販売された。

図2　プレーするゴルファー　ノーキャディのためカートを使用している。奥に見えるのは理学館。（提供：国際基督教大学歴史資料室）

図3　トウモロコシの種まき
農場は現在のキャンパス以外の土地に配された。もともと農業用地として登記されていた土地をそのまま農場とした［アイグルハート：1990：115］。現在の府中運転免許試験場のあたりはトウモロコシ畑だった。（提供：国際基督教大学歴史資料室）

図4　牛舎と牛の放牧
当時のキャンパスは「西部劇の牧場に立ったよう」［羽鳥b］だったというが、まさに西部劇を彷彿とさせるような光景。（提供：国際基督教大学歴史資料室）

図5　アメリカから贈られた牛を出迎える湯浅学長ら
1952年9月23日撮影。牛（と同時に送られた羊）は、湯原八郎のアメリカでの大学時代の旧友であるカリフォルニア州マーセッドの牧場主アーネスト・E・グリーノー（Ernest E. Greenough）が寄贈したもの。湯浅ら大学の関係者は横浜港に出向き、牛を運んできた「フレンド・シップ」号を出迎えた。（提供：国際基督教大学歴史資料室）

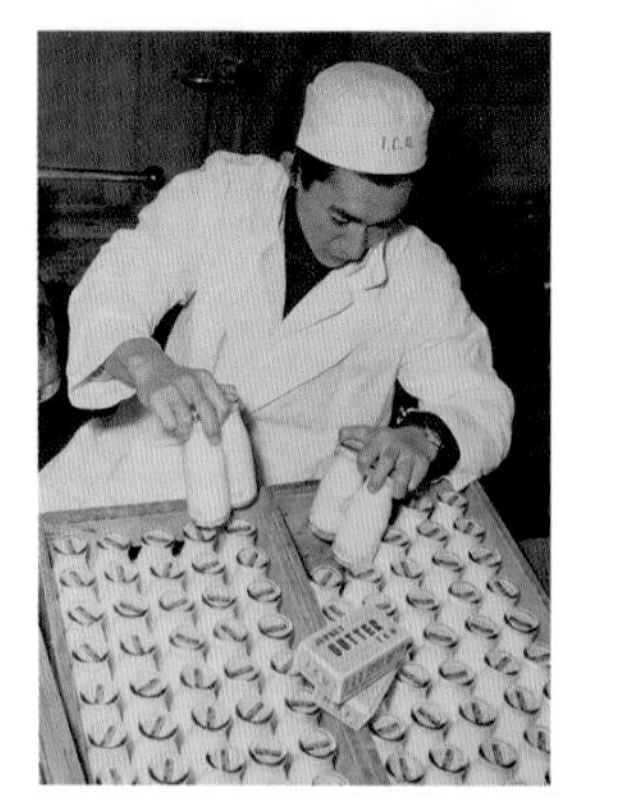

図6　牛乳とバターの出荷
牛乳は学生食堂の裏でビン詰され、一部はバターに加工され、学生食堂で販売された。また、近隣の住民が空の一升瓶を持ってきて牛乳を求めることもあったという。（提供：国際基督教大学歴史資料室）

は後退を余儀なくされたとも言えるだろう。山本忠興は、この広大な土地に国際基督教大学を中心として国際団体や機関などを集積し、人々の教育と養成を行う国際村の構想を抱いていた［山本：1953：281］［アイグルハート：1990：307］。一万田は1962年の大学評議員会で「ICUは世界中の人々が巡礼する地として構想されたものである。人々はそこに、キリスト教精神に適う真の意味での国際的な教育の拠り所を求めた。ゆえに土地に対する金銭的な要求だけで、その価値を低めてはならない」と述べている［アイグルハート：1990：273］。しかし、国際団体や機関としてはアメリカン・スクールや中近東文化センターが、教育機関としては東京神学大学やルーテル学院大学がこの地に存在する。これらの機関とのシナジー効果の可能性もあるだろう。

※5　1971（昭和46）年3月11日に、農場縮小のため「ICUミルク」が廃止されたとの記述がある［国際基督教大学同窓会：1992：257］。正式な農場の廃止は同年3月31日。

第11章

稲冨時代I　1963〜1967

1962、3（昭和37、38）年頃のレーモンドの主任建築家の辞任後、時を置かずして国際基督教大学は、新たな主任建築家を指名した。その地位に就いたのは、当時、36歳にして自らの建築設計事務所を設立したばかりの稲冨昭（いなどみ　あきら　1927-）であった。異例の抜擢であるように見えるが、稲冨の経歴からすれば自然な流れであるとも言える。

稲冨は、1927（昭和2）年、熊本市にある九州学院のキャンパスに生まれた。父は、アメリカ留学経験を持つ牧師にして、のちに九州学院第二代院長となる稲冨肇（いなどみ　はじめ　1893-1955）、母はアララギ派の歌人にして英文学教師であった。九州学院は、米国の南部一致ルーテル教会を母体に1911（明治44）年に開校した旧制中学相当の学校で、1913（大正2）年に一般校舎をヴォーリズ設計で建設したのを嚆矢に、寄宿舎（1915）、創立者ブラウンを記念した礼拝堂（1924）、図書館・物理教室・プール・体育館（1930〜31、いずれも現在は撤去）などヴォーリズの建物が次々に建設されていた［山形：2008b：107］［山形：1989：137-142、335］［九州学院同窓会：2011］。これらの建物の与える深い印象と、哲学、神学、社会学、心理学、詩集、英文学などの本が並ぶ両親の学究的な雰囲気に囲まれて、稲冨は、20年間を九州学院のキャンパスの中で過ごしたのである［稲冨：2008］［稲冨：1988：24］。このような体験が、稲冨を建築へと向かわしめたことは想像に難くない※1。1948（昭和23）年、熊本高等工業専門学校土木工学科（現 熊本大学工学部）を卒業した稲冨は、九州学院をはじめ多くのヴォーリズ建築の施工を手掛ける建設会社、辻組に入社、5年間、西南学院本館などの建設現場で働き、建築の実務を学んだ。また、その期間は、登山への情熱を燃やした時期でもあった。「福岡山の会」に属し、厳冬期の富士山山頂での1か月の訓練などを経てヒマラヤのトヴィンズ峰に派遣される予定であったが、ビザの取得ができずに登山隊派遣は中止となった［稲冨：1988：23］。登山家としての目標を失った稲冨は、建築家になって、自らも進学を考えた国際基督教大学の建設に関わることを目標にしたのだという［稲冨：2008］。1953（昭和28）年4月、稲冨は国際基督教大学の主任建築家であったヴォーリズの事務所に入所する。3年間、近江八幡のヴォーリズ事務所本社でドラフトマン（製図工）として働いた後、1956（昭和31）年から念願の国際基督教大学の現場事務所に赴任した。建設が進んでいた第二男子寮、第二女子寮、食堂両翼部分などの工事監理に携わるとともに、体育館に転用される予定だった中島飛行機の巨大格納庫の改装案スケッチを描いている。また、ヴォーリズ事務所東京支店の所員であった片桐泉らとともに、D館の設計を行った［稲冨：2008］※2。

そして、湯浅学長の指名により片桐とシーベリー・チャペルの設計を始めた直後の1958（昭和33）年6月に、ヴァージニア工科大学建築学科に留学するため離日する。この時、稲冨は31歳であった。アメリカに留学した父やイタリアに留学しヨーロッパの最新の建築を学んだ同僚片桐の影響、オコナーに出身大学を問われ大学に行っていないと答えざるを得な

※1 話すのが得意でないので、図面を見ていればよい建築家になったらどうかと母に言われた、とも稲冨は語っている［稲冨：2011c］。

※2 この時期の詳しい経緯は、第7章「後期ヴォーリズ時代1954〜1958」を参照のこと。

かったことなど、留学に至るまでに様々な思いがあったのだろうが、満を持してのアメリカの大学への留学であった。3年後の１９６１（昭和36）年には、マサチューセッツ工科大学の建築科大学院に進学、さらに翌年の１９６２（昭和37）年にはハーバード大学都市工学科大学院に入学している。また、ヴァージニア工科大学在学中の１９６０年からは、グロピウス（Walter Gropius, １８８３-１９６９）※3の共同設計事務所ＴＡＣで働き、イラクのバクダッド大学に関連した業務などに従事した。学業以外でも、現ＪＩＣＵＦ理事長であるヴィクナー（David W. Vikner）の父※4と親交を温め、タリアセンを訪ねてライト夫人に会うなど、極めて充実した4年間であった。１９６２（昭和37）年10月、稲冨はＴＡＣを退社すると、イギリス、オランダ、デンマーク、スウェーデン、フィンランド、ドイツ、イタリアなどを周遊し大学や教会建築を視察して、日本への帰国の途についた。稲冨が、このような視察を行ったのも、勤務先として大学の設計を多く手掛けていたＴＡＣを選んだのも、留学中つねに、再び国際基督教大学に関わりたいという思いがあったからだという。１９５９（昭和34）年4月の「ゆっくり勉強して他日を期して下さい」と書かれた湯浅八郎の手紙は、さらにその思いを強めるものであった［稲冨：２０１１ａ］。

　稲冨が帰国した頃、レーモンドが国際基督教大学の主任建築家を辞任する。大学からみると、稲冨は新たな主任建築家として適任であった。生まれ育ちからのキリスト教への深い理解とキリスト教関係者とのつながり、アメリカの一流の大学への留学とグロピウスの事務所での経験といった華々しい建築教育の経歴と英語の能力、大学の現場事務所に勤務し寮などの工事監理を行ったのみならず、Ｄ館の設計では片桐とともに中心的な役割を担い、能力と人柄が知られていたこと、これに伴う行政部門とのつながり等、まさに国際基督教大学にう

※3　グロピウスは、ドイツ生まれの建築家。バウハウスの創立者となるなど、モダニズム建築の確立に重要な役割を果たした。１９３４年にイギリスに亡命し、１９３７年より米ハーバード大教授となった。

※4　David W. Vikner の父は伝道者で、１９４６〜１９４９年まで中国で活動し、共産党政権の成立で中国滞在ができなくなると、その後8年間は日本で活動を行った［ICU Alumni：２０１１：17］。稲冨にとっては父親のような存在であり、学費の支援も行った。

ってつけの建築家と考えられたのである。

このように大きな期待を担い国際基督教大学の主任建築家となった稲冨は、1976年までの13年間にわたり、その職務を果たした。これは、これまで3人いる国際基督教大学の主任建築家のなかでも最も長い在職期間であり（ヴォーリズ7年（1949-1956）、レーモンド4年（1959-1963））、その間に設計を手掛けた建物も、第四女子寮（1964）、理学館（1966）、セントラルロッカー棟（1967）、三美荘（1969）、体育館、プールおよびグラウンド（1970）、大学教員の研究室を集めた教育研究棟（1978）と、学究エリアにある建物は稲冨のものが最も多い。稲冨の手掛けた建物は、現在の国際基督教大学キャンパスの印象の形成に少なからぬ役割を果たしているのである。本章では特に総合計画と1967年までに建設された、第四女子寮、理学館、セントラルロッカー棟を取り上げる。

図2　1975年のマスタープラン模型
「1975」の文字が入ったマスタープランの模型。この時点で、想定されるキャンパスは、現在と同じ野川崖線より上の範囲となっている。1963年のプランと同じように正門から本館前に伸びる道路を新設し、マクリーン通り（滑走路）との間に駐車場を設置、その突き当たりには、巨大なモニュメント的な建造物を置いている。この模型は、ERBなどの検討模型などとともに、稲冨事務所の応接間に置かれていた。

第四女子寮（1964）

鉄筋コンクリート3階建て、延床面積948.81㎡で、それ以前に建てられた寮と比較しても一番大きく、居室も広い。これは、住宅公団から建設費の補助を受けるため、その基準を満たす面積を設定したため。2階、3階各2部屋、合計4部屋のモジュールとする構成が独特である。稲冨のプランおよびスケッチをもとに大成建設が実施設計を行っている。

図3　南面外観（左頁）
どことなくル・コルビュジエのロンシャンの礼拝堂を思わせる、屋根の形が独特。中央の4つの居室のみにテラスがつく。その両側の2本ずつの付け柱とスリット窓の部分には、2、3階の4つの居室で共有する階段室、洗面所、トイレがある。

国際基督教大学総合計画（1963）

主任建築家に就任した稲冨が最初に手掛けたのが、マスタープランであった。中核となるハブを置き、ハブから10分の徒歩圏を設定するという考え方に基づき、ゾーニングを行っている［稲冨：2008］［稲冨：2011b：102］。

図1　1963年のマスタープラン図
正門から本館前に新たな軸となる直線道路を設け、マクリーン通り（滑走路）の途中から、現野川公園、アメリカン・スクール、国際林、国際基督教大学高等学校の前を通る、キャンパス全体をめぐる直線基調の大きな周回道路を設けている。RC部分（現アメリカン・スクール）にはスタンフォード大学にならって産学連携のリサーチセンターを、A2（現在の国際基督教大学高等学校）には医学部を、A3（現分譲住宅地、ルーテル学院大学）には、人文系の学部や美術館を計画していた。当時、すでにアメリカン・スクール（1960年）、ユニオン・チャーチ（1963年、現ルーテル学院大学）への土地の売却が進行中であったが、買戻し条項がついており将来を想定した計画であったという［稲冨：2008］。（提供：稲富建築設計事務所）

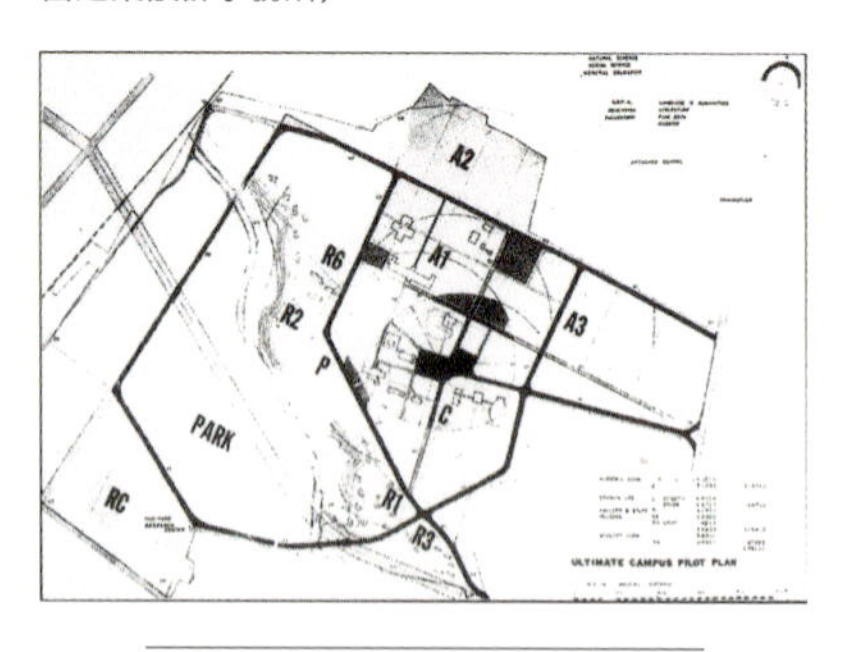

図6　ソーシャル・ルーム
東側に畳部屋を置くのは第二男子寮・第二女子寮以降の寮と共通だが、高低差はつけられていない。

図7　2、3階共通の廊下
下駄箱室の横から、2.5階にある共通廊下まで階段で上がる。丸い天窓からの光が印象的。

図8　居室へ通じる階段（次頁）
共通廊下から居室へ通じる階段を見る。共通廊下から半階上がって3階の居室、半階下がって2階居室に入る。階段の突き当たりは、洗面所とトイレ、その両側は居室への入り口。この4部屋単位のモジュールは4つあり、居室は16室となる。このプランは、廊下面積の削減と、居住者のコミュニケーションの活発化を狙ったものである。

図4　北面エントランス外観
キャンティレバー（片持ち）でひさし状に大きく張り出している部分には、階段、トランクルーム、浴室、キチネット（簡易キッチン）がある。この部分は2、3階の中間に位置する共通廊下と同じレベルとなる。

図5　玄　関
インフォメーション・ルーム（受付室）と下駄箱室（写真奥）を両側に配し、正面にソーシャル・ルームを置くプランは他寮と同じ。正面の障子の丸窓はソーシャル・ルームに通じる。丸はこの寮のモチーフで、丸い天窓がある（蛍光灯の奥）。

理学館（1966）

理学館は、稲冨が国際基督教大学で手掛けた最初の建物である。様々な実験設備を収納し実験を行うためには、特殊な設備や構造を備える専用の建物の方が使い勝手がよい。このため、自然科学科が使用する理学館の建設は、ヴォーリズが主任建築家であった開学以前からの長年の懸案であった*。建設計画は、1959年にJICUF理事会の匿名メンバーから、建設のための計画調査費の寄付があったことに始まり、図書館の設計と同じく、ニューヨークの建築家ロバート・B・オコナーが、1959年と62年に数度来日して計画調査を行った。その結果に基づき、稲冨が設計し、施工担当の竹中工務店が実施設計を行っている。鉄筋コンクリート3階建、延床面積6449㎡、建築費は4億4400万円（123万3000ドル）で、50万ドルはJICUF理事会メンバーからの匿名の寄付、5万ドルがクレスギー財団**、32.5万ドルがJICUFの募金活動等、残りは日本国内での募金によって賄われた［国際基督教大学：1968］［JICUF：1963］。

＊ヴォーリズはアメリカで大学の理科研究用建物の視察を行い、その後、理学館の構想を行った。また、本館の北側にあった、のこぎり屋根の板金工場を理学館に転用する案がハケットから出されたが、視察などで得た知見から、反対している［Hackett：1950］［Vories：1950b］［Vories：1950c］。結局、理学館は建設されることなく、理学科は本館1階西側に「仮住い」を余儀なくされていた。［国際基督教大学：1968］。

＊＊クレスギー財団については、第9章「レーモンド時代1958〜1962」、注1を参照のこと。

図9　居室南面
本棚と机、窓の配置は、他寮と同じ。

図10　居室北面
北側には小さな窓が2つ付く。居室に側面から入るのは第四女子寮だけである。他寮よりもかなり広い。

図13　プレキャストの梁と
パイプスペースのメインフレーム

構造と意匠を兼ねた梁を表しにするのは、現在まで続く稲冨の一貫した作風。アトリウムの伊原の彫刻とともに、独立後の最初期に手がけたデビュー作である理学館にすでに明確に現れている［稲冨：2011b：102］。（提供：稲冨建築設計事務所）

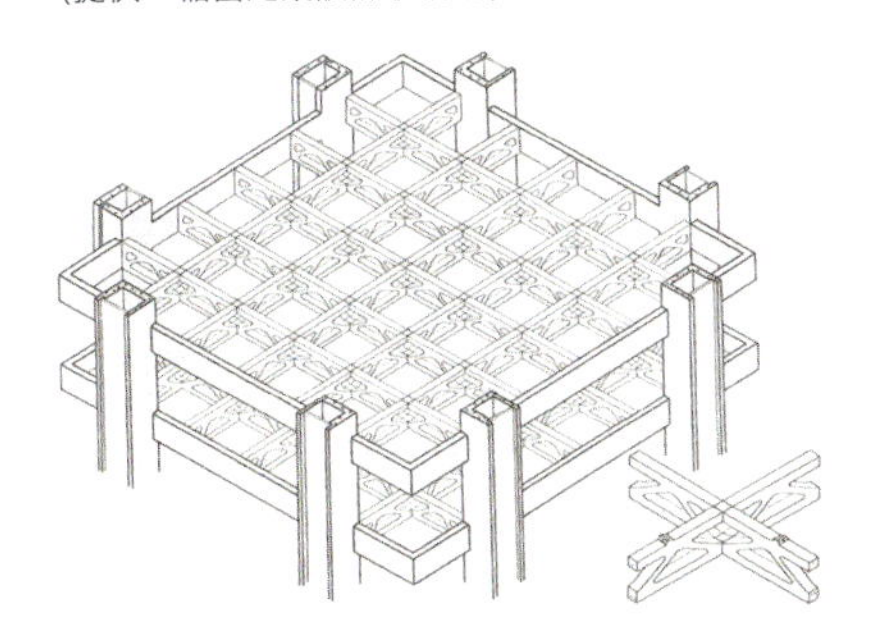

図14　竣工当時の理学館前に立つ稲冨

満ち足りた静かな自信が感じられる40歳ごろのポートレート。竣工当時はコンクリート打ち放しで塗装されておらず、型枠として使った板目が意匠として目立った。（提供：国際基督教大学歴史資料室）

図11　理学館南東外観

壁面に２本ずつにそびえるのは、構造も兼ねるパイプスペース（上下水道やガス管、電気配線などのためのスペース）。パイプスペースは通常、建物内部に置かれるが、配管の変更やメンテナンスを容易にするため建物の外に置く。竣工当時、パイプスペースの間は、すべて窓であったが、耐震補強のため、楯状の意匠が付いたコンクリートで窓をふさいでいる。

図12　プラン概略図

４棟の60フィート四方の建物（ユニット）を十字型に配置し、中心にアトリウム（ガラスなどを屋根に用いた大規模空間）を設けるプラン。各張り出し部分に、物理、化学、生物、数学を配し、真ん中のアトリウムでの交流を意図する。建物内部には柱がなく、梁の下に壁を設け1.5m単位で自由に間仕切ることができる。（提供：国際基督教大学歴史資料室［国際基督教大学：1968］）

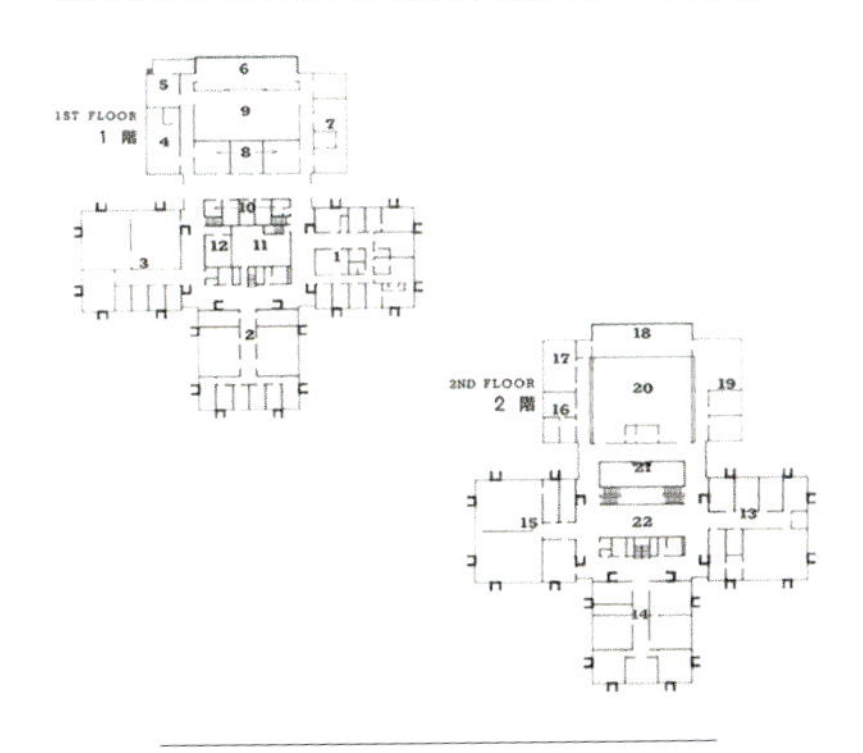

図16　階段教室

国際基督教大学で最大の教室であり、ほとんどのICU生は一度はこの教室で授業を受ける。天井の梁が意匠になっているのが、稲冨らしい。北側の張り出しは、他の張り出し部分よりも大きく、構造も異なる。プレキャストの梁ではなく格子状になった現場施工のコンクリートの梁があり、その中に配された照明の光が美しい陰影を作る。

図17　W220教室

生物実験用の教室。配管の取り回しや変更を容易にするため、天井は張られず、上階の床を支えるプレキャストの梁が表（あらわ）しとなっている。配管は赤や緑に塗られる。竣工当時は、多くの部分に天井が張られていなかったが、現在は、空調の効きを高めるため、配管の変更を行う機会が少ない一般教室では天井が張られている。

図15　２階アトリウム

２階中央には、３階を吹き抜けとしたアトリウムが置かれる。ここは、張り出し部にある教室や実験室に入るためのアプローチであるとともに、人々が集う場でもある。図書館と同じく、２階を中心とすることで上下の移動を少なくすることを意図し、本館２階と渡り廊下でアトリウムに直結する計画もあった［国際基督教大学：1968］。南面の壁を飾るアートは、化学処理で腐食させた真鍮と青銅の板を黒い鋼鉄の棒に溶接したもので、これ以後、多くの稲冨建築を彩ることになる、彫刻家伊原通夫（1928-）*の作品。

＊伊原通夫は、1928（昭和３）年にパリに生まれ、東京藝術大学を油絵専攻で卒業した後、フルブライト奨学金を得て、1961（昭和36）年にMIT建築科大学院に進学し稲冨と同窓であった。その後、彫刻家として世界的に活動している。その作品はアメリカのみならず、香港、台湾、韓国などにもあり、日本では稲冨の建築のほか、都庁にも風で動く彫刻が置かれている［Ihara：2018］。

図19　マクリーン通りから見た体育館と　セントラルロッカー棟（1973年）

右がセントラルロッカー棟。北面を高く持ち上げ、天窓のように内側に傾斜させた大きな窓をとる。（提供：国際基督教大学歴史資料室）

セントラルロッカー棟（1967）

体育施設は、激しい勉強のなかで自由に運動できるように、ハブの近くに構想された［稲冨：2011b：106］。最初に建設されたのは、シャワーとロッカーを持つセントラルロッカー棟で、当時としては先進的な太陽光による温水装置を持つ。耐震性の問題から2000年に建て替えられ、現存しない。内部の写真が存在しないため、収集が必要であろう。

図18　航空写真（1970年撮影）

右下に１棟だけあるのが、セントラルロッカー棟。南側に大きく傾けた屋根に、太陽光で水を温めるための配管が設置された。初期には、凍結により破損することがあったが、配管の取り回しを簡潔にして解決、建て替えられるまで、シャワーの温水として用いられた。（提供：国際基督教大学歴史資料室、一部トリミング）

第12章

稲冨時代Ⅱ　1968〜1978

　仕事にはその人が表れる。特に建築設計のように自由度が高く創造性が求められる分野はそうであり、むしろ積極的に個性を作り上げようとする意識が建築家にはもちろん、依頼者にも働くこともある。多くの一流の建築家と同じく稲冨の建物は、濃厚な個性を持ち、紛れもなく稲冨の設計と分かるものである。しかし、一見明らかな建築の個性も、単なる意匠の特徴のみで形成されるものではない。他の仕事と同じく、発想や思考、打合せ、作業方法、組織のあり方など、仕事の様々な過程における個性の発現と選択の結果として立ち現れてくるものなのである。ただ建築は他の仕事よりも、長きにわたって結果が固定され多くの人の目に触れ、実際に使われ、その個性を知らしめる機会が多いのも、また確かではある。

　稲冨には、際立つ正直さと誠実さ、一生懸命さがある。そして生来のある種の不器用さ、登山家としての経験や不器用さを乗り越えるために必然的に形成されたのであろう強固なまでの意志の強さ、といった面もある。そこに、幼少時のヴォーリズ建築の体験、ヴォーリズ事務所時代の片桐泉との邂逅（特にシーベリーチャペルの円形教会および表し（あらわし）の天井というコンセプト）※1、アメリカの大学、大学院での建築教育という、建築的な体験、経験が融合し、

※1　建築の面からさらに遡れば、ルイス・カーンに行きつくだろう。

建築家としての稲冨の個性が形成されていったのである。

建築家としての稲冨のほぼ唯一にして最大の関心は、現代のプロフェッショナルな建築家として最良の建築をつくることにあり、それこそが依頼者のために建築家が果たすべき役割であるという考えであった。そして最良の建築を設計するためにあらゆることを誠実に行い、そこにはいささかの妥協も（すくなくとも、自らの権限で決められる範囲では）なかった。稲冨の事務所は、当時から現在まで、所員が1～3名と、事業用の大規模な建物の設計を行う事務所としては異例の少人数である。これは、大人数で分業して行うと一部分しか見えない、いいものを作るためには少人数でじっくり時間をかけて丁寧に設計を行う必要があるとの考えからで［稲冨：2011d］、国際基督教大学の設計を行っていた当時も、同時に他大学の施設を手掛けるなど少なからぬ業務があったにもかかわらず、規模の拡大を図ることはなかった。さらに、9時～18時の勤務時間をきちんと守るのが通例であった。事務所設立当初は深夜まで作業を行っていたが、次の日に良い仕事ができないという体験から、そのように改めたのである［稲冨：2011d］［谷村：2011］※2。また、新しいモダニズムを作り出そうとする建築界の流れ、円形や方形というコンセプト、アメリカで学んだグロピウス流の数値的に要素を分析する設計手法、MITで学んだという太陽光による温水システムといった最新の知識も、少なくともプランの初期の段階では、可能な限り表現されていた。これは建築家としての野心というよりも、自分の持ちうる知識と能力のすべてを出しきって精一杯やらずにはおられないという稲冨の人間性、依頼者に対する誠実さ、正直さゆえのことであったように思う。

稲冨の建築の大きな特徴である、天井を張らず、構造をむき出しにして意匠とする形式も、

※2　勤務時間は、大学を卒業したばかりの未婚の女性の所員への配慮という面もあった。

きちんとつくられた構造は隠すべきものではなく正直に表しにすべきであり、またそのまま表しにすることを前提にすれば、丁寧に施工が行われるという考えから出たものである［谷村：2011］。また、廊下等の面積を減らして、実際の有効面積をなるべく広くとる工夫を行うのも稲冨の設計の特徴の一つであり、新建材と言われるような材料をなるべく使わず、本物の良い材料を使い、長期的な使用に耐えるものを志向するという方針と合わせて、依頼者の経済性を考えてのことであった。

しかし、国際基督教大学での稲冨の立場は、徐々に厳しいものとなっていった。オイルショックにより高度成長期が終わり、より厳しく経済性が問われるようになったこと、理解者であった鵜飼信成第2代学長の退任といったこともあった［稲冨：2011d］が、打合せ等の過程でのやり取り、実際に出来上がった建物の使い勝手やメインテナンスなどもその要因となった。

前記のように稲冨の提示する建物は、構造・プランともに革新的なものが多かった。一方で稲冨の言葉は、決して分かり易いものではない。むしろ本人も言っているように話すのは生来、苦手であった［稲冨：2011c］。新たな建物の建設は、依頼者にとっては多額の資金を投じる一大事業で、大学ともなれば関係者も多く、シビアなやり取りが行われることも少なくない。「ICUで建築の実験をしてくれるな」と言われたこともあったという［稲冨：2011d］。しかし、稲冨は自分の主張を容易に曲げることはなく、臆することなく自分の確信を主張し続けた。その確信の元となっているのは、アメリカでの体験であった。修了できるのは入学者の10分の1程度という一流大学・大学院での厳しい課程教育と、グロピウスの事務所TACでの経験は、建築家としての稲冨に深い確信を与えた。それは、高度なプロフェッショナリズムと建築に対する厳しさの意識であり、素人とは別次元の見識を持っているという自信である。素人の考えるプランや意見は、その人が体験してきた建物に強く拘束されるのだという。建築家というプロフェッショナルの視点から見れば、使い勝手などよりも建築全体を考えて優先されるべき、美しさやコンセプトがあるのだというのである［稲冨：2011d］※3。

　このようなことから大学側との打合せは紛糾することが多く、打合せから戻っても稲冨は感情を高ぶらせ半日は話しかけにくい雰囲気であったという［谷村：2011］。1973（昭和48）年、教育研究棟の設計が始まる際に、大学側は、助言や監督を行うべき主任建築家が設計も行うのは、自らの利益の誘導につながる可能性があるという論理を立てて、稲冨に主任建築家を辞任し一設計者として教育研究棟の設計を行うか、設計を行わずに主任建築家を続けるかの選択を迫った。稲冨は、この時、国際基督教大学の主任建築家を辞任し、教育研究棟の設計を行うことを選択した。これ以来、国際基督教大学は主任建築家をおかず、個別の建物ごとに設計者を決めることとなったのである。そして1978年に教育研究棟が完成して以降、国際基督教大学が稲冨に再び設計を依頼することはなかった。ここに、稲冨の国際基督教大学への強い思いとは別に、関係は途切れたのである。

　しかし、稲冨の真価は、むしろ国際基督教大学とのつながりがなくなった以降に発揮された。1980年代前半には建設に至るプロジェクトが一時途絶えるものの、理解者を得て80年代半ばより学校や福祉施設、教会などを、決して数は多くないもののコンスタントに手掛けるようになる［稲冨：2011b］。特に代表作と言えるのが、鎌倉雪ノ下教会（1985）※4、三鷹池の上教会（1994）、大久保駅の横に立つ淀橋教会（1998）であろう。円形教会、

※3　この点は、建築の専門教育をほとんど受けたことがなく、建築家よりも伝道者としてのアイデンティティを強く持っていたヴォーリズが、使い勝手を重視し、ファサードですら依頼者に選ばせたのと対照的で、レーモンド的である。そのレーモンドは国際基督教大学側との煩雑なやり取りを嫌い、わずか4年、教会と図書館、住宅を設計したのみで辞任したことを考えると、相対的に稲冨の忍耐力、意志の強さと、国際基督教大学に対する思い入れが理解できよう。

※4　鎌倉雪ノ下教会の設計者は、教会側に国際基督教大学での一連の仕事が評価されたことと、教会の長老職にあった国際基督教大学教授の渡辺保男（わたなべ やすお 1926-1991）の強い推薦があり、稲冨に決定した［稲冨：2011b：28］。

構造表し（あらわし）の天井などの一連の稲冨の作風が、重いコンクリートを使いながらも構造でどこか軽快さを感じさせて、独特の巨大な空間をつくりだし、それがある種の荘厳さ、確かさに昇華しているのを見ることができる。若い頃に確信を持った困難なコンセプトを強烈な意志を持って追い続け、60歳を超えてからようやく消化しきって洗練された独自の域に入ったように思われるのである。稲冨は、80歳を超えても、大規模な建物を手掛け続け、進化し続ける第一線の建築家として活躍し、91歳となった2018（平成30）年に引退した。同年、長年のキリスト教建築への貢献により、日本キリスト教文化協会によりキリスト教功労者として顕彰されている。

本章では、1968（昭和43）年以降に稲冨が設計を行った、三美荘、体育館、プール、セントラルパワーステーション、教育研究棟を取り上げる。

図1　新館全景
森の中に建つ新館。正方形で、南北軸に対して45度傾けて配置される。北西面（写っていない面）以外の３方向は、１階が約１間（90㎝）ほど小さく、２階のキャンチレバー（片持ち）部分が１階テラスの屋根を兼ねる。２階の窓は小さいが、どことなく教育研究棟を思わせるリズムで配される。屋根の中心にあるのはトップライト。

図2　１階ダイニング
広く設けられた窓から見える木々が素晴らしい。木がふんだんに使われ、柱や梁は太く、階段の踏板の厚さは10㎝弱もあり、全体に強固な質感が感じられる。設計当初は暖炉が設けられていた。

三美荘（1971）

軽井沢の東端に位置する国際基督教大学の研修施設。湯浅恭三国際基督教大学名誉理事*の義父、志立鉄次郎が夭折した二人の娘を記念して1939（昭和14）年に設立した財団法人三美会（三美は娘二人の名前の最初の一文字を組み合わせたもの）が所有していたが、国際基督教大学の設立に伴って土地と建物を寄贈すべく財団は1952（昭和27）年に解散、以後、国際基督教大学の所有となった［ICU：1985］。稲冨が設計を担当した新館と、より規模の大きな三木ハウスの２棟があり、テニスコートも設置されている。近年、小規模な新館が使用されることは少ないという。新館は稲冨の設計としては珍しい木造２階建て、29.16㎡（１階）＋58.68㎡（２階）、延床面積87.84㎡。急遽設計の依頼があったため、比較的短時間で設計が行われた。同じ建物を男性用、女性用に各６棟、Meeting-houseや野外劇場を建設し、大学セミナーハウス**のような分散型の施設とする構想が当時あったが、結局、他の建物が建てられることはなかった［稲冨：2011d］。

＊湯浅恭三（ゆあさ きょうぞう 1899–1997）は弁護士で、英国法廷弁護士の資格を持ち、戦前は大阪で活動した。戦後はマッカーサーの連合国司令部の法律顧問として招かれたのを機に東京に事務所を開設、多くの企業の顧問を務め、ロータリークラブでも重要な役割を果たした。

＊＊大学セミナーハウスは、1959年に国際基督教大学の職員であった飯田宗一郎（いいだ そういちろう 1910–2000）が、戦後の大学の大衆化で希薄になった「教師と学生との心の交流をつくる合宿研修センター」を発想し、有力国私立大を動かして、1965年、八王子市に設立された宿泊研究施設。マスタープランや建物の設計は、吉阪隆正（よしざか たかまさ 1917–1980）。宿泊や食事、セミナーなど、各機能ごとに分散して建物が建設された。建築としては、ピラミッドを逆さにしたような本館やバンガローのような宿泊棟が円形に連なるユニットハウスが有名。

図4　体育館西面
屋根の斜めに張り出したトラスと、トラスをふさぐ透明な樹脂の窓、高い位置にある突き出しの窓が特徴的な外観。夜には枝のように見えるトラス部分から照明の光がもれ、森の木々のように見える。

図5　ホール
セントラルロッカー棟から通じる軸線の突き当たりには、森を望む大きな窓が設置される。ワッフル天井（箱状のコンクリートを組み合わせて作られた天井）の照明が美しい。北棟、南棟ともに1階は掘り込まれ、半階分、地表より低いため、ここから階段を下って南側にVジム、北側にE、W (Weight-Lifting)、Cジムに至る。

図3　2階
中央に正方形の吹き抜けがあり、その両側にベッド、南西面に机とソファ、北東面（カメラの背後）にロッカーが置かれる。この建物は、若い頃に稲冨が登山で慣れ親しんだ山小屋と、宿泊者同士の語り合いがコンセプト。それが、簡素なベッドと、語り合いの場として考えられたソファスペース、という形になって表れる。屋根中央に集まる梁とトップライトが特徴的。

体育館（1972）

1972（昭和47）年に竣工した一連の建物には献堂式等の資料が残っておらず、建築資金の援助団体等は不明である。体育館の延床面積は1590㎡。体育館は巨大なワンフロアで構成されるのが通例であるが、この体育館は、異なった運動をお互いに気兼ねなく行えるように、という狙いで、西側のセントラルロッカー棟の玄関、渡り廊下、ホールを結ぶラインを境に、南北2つの建物を建て、北側に4つのスタジオ、南側にバスケットコート一面のフロアを配した先進的なプランとなっている。完成当初はスポーツクラブを運営する企業などが見学に来たという［稲冨：2011d］。

図8　C（Combat）ジム
２階にＰ（Ping-Pong）ジムと階段前のホールがあるため１階分の天井高となる。床面が玄関ホールよりも半階低いことを生かし、ホール部分との境に窓が取り付けられ、中の様子を玄関ホールからうかがうことができる（窓はカメラの背後で写真には写っていない）。見学者を運動に誘うという設計意図である［稲富：2011d］。

図9　初期のプラン模型
1960年代前半に作られたと思われる初期のプラン。どことなく、エーロ・サーリネンのイェール大学インガルス・ホッケーリンク（1958）の影響が感じられる。（提供：稲富建築設計事務所）

図6　V（Volley-ball）ジム
メインコートにあたるＶジム。体育教育（PE）スタッフによれば、面積が狭く、バスケットの公式戦が開催できないのと、窓が高い位置にしかなくコート面に風が通らないのが悩みだという。

図7　E（Exercise）ジム
北側１階の西側に位置するスペース。Ｖジムと同じ２階分の吹き抜けとなっているが、面積が小さいため、かえってダイナミックな空間となっている。

セントラルパワーステーション（1972）

セントラルパワーステーションは、ボイラーにより温水を作りキャンパス内の各建物の暖房装置に供給するほか、給水、変電、電話交換などの機能を担う。延床面積は1214㎡。設備を担当したテーテンス事務所の関与が高く後年の南側への増築もテーテンス事務所によって行われているが、プランや一部の意匠に稲冨らしさを見ることができる。

図12　パワーステーション全景

完成当時の1973（昭和48）年に撮影されたもの。現在は屋上の空調冷却塔は撤去されており、RC打ち放ち部分は白く塗装されている。地上１階、地下１階だが、非常に大きなドライエリアを設けることで、２階建てのようにしていることと、正方形のプランが稲冨らしい。裏にあたる東側には、煙突と給水塔を兼ねたユニークな塔がある（2018年２月に集中冷暖房の廃止に伴い、取り壊された）。真ん中に排気口が設けられ、三角形の３つの角に給水用のタンクを設置していたが、水道の水圧が上がったため、後年は使用されなくなった。（提供：国際基督教大学歴史資料室）

プール（1972）

アメリカの大学のプールは、地下など暗いところが多いので、明るいプールを意図した［稲冨：2011d］。南北全面がガラス張りで非常に明るい。建て替えに伴い撤去された。

図10　プール南面

完成直後の1973（昭和48）年に、現在の野球場から撮影されたもの。全面の窓がよく分かる。東側の屋根を持ち上げ台形状にしているのは、太陽光温水装置の設置を考慮したためであるが、結局設置されなかった［稲冨：2011a］。（提供：国際基督教大学歴史資料室）

図11　プール内部

コンクリートの梁から結露で水滴が落ちることを嫌って、集成材の梁が使われた。結果として、通常より安価になったという［稲冨：2011d］。ニスが丁寧に塗られた集成材は、どことなくヨットを感じさせる。

教育研究棟（1978）

教員の研究室を中心に、院生室、セミナー室、事務室、団らんスペースなどを有する。鉄筋コンクリート造３階建てで延床面積は4654㎡。本館と揃えると一体化してキャンパスの中で相対的に巨大な印象を与えてしまうため、本館南面のラインから20mほど下げて建てられている。

図16　ファサード
仕上げはコンクリート打ち放しブラスト（表面の荒らし）仕上げ。本館と図書館の間にあることから調和を考え、図書館のコンクリート打ち放し（当時）と同じ材料を使い、本館のモルタル掻き落とし仕上げと同じテクスチャーになるということで選択された。各研究室に２枚ずつ設けられた突出し窓とその下部の白い水切り、細かく設けられた目地がリズミカルで、楽譜のような美しさを感じさせる。１階の掃出し窓の前の垂れ壁は、円周上に点を打ち、円を回転させるとできるサイクロイド曲線で、同種のものが他の稲冨建築でも見られる。壁厚も変化させた複雑なものであるため、型枠を作るのに苦労したという。

図13　エントランス
梁および階段が45度斜めに配置され、丸い天窓がある。これに伴い、会議室、給湯室なども壁の一部が斜めとなっている。

図14　ボイラー室
地下１階に設けられたボイラー室。排気は背後のダクトを通り、煙突へとつながる。

図15　共同溝
高校と教会前ロータリーを結ぶ道路下の共同溝。ボイラーの温水はここを通って各所に配されるほか、電線等も収納する（現在は集中冷暖房の廃止に伴い撤去）。

図19　南側共有スペース

学生を中心とした共有スペース。設計段階では教室を想定していた。南側に位置し、全面に窓をとっているため、非常に明るく、「金魚鉢」が通称。床は、レンガのように見える厚めの、濃い茶色のタイル張りで、これが教育研究棟の印象に与える影響は大きい。

図20　研究室

窓は２枚のガラスでブラインドを挟み込む輸入品。小さめでやや暗く、床の濃い茶色のタイルと相まって欧米のホテルのような、落ち着いた照明の使用を前提とした空間となっている。窓の下には、机とほぼ同じ高さの空調機器を収納した木のボックスが付く。ワッフル天井には、研究室のみ、構造用合板のふたが付く。

図17　階　段

通常、階段は外壁に並行に置くが、45度傾けて東西にそれぞれ設け、建物のコアとしている。斜めの配置は折り返しのない長い階段により見せ場としての空間をつくることと、２階部分にある渡り廊下と相まって変化ある空間を形成することが狙い。天井（屋上）には低い塔屋（屋上の上に突き出した部分）が設けられ、その両側の窓から柔らかい光が入る。

図18　コロキュアム

１階北側の張り出し部分に設けられたスペース。教員メールボックスがあり、教員間のコミュニケーションを行う場と想定されたが、北側に位置するためか、あまり人の滞留はない。奥の壁、上部に模様のように見えるレンガのすきまは、空調ダクト。必要な面積を満たしつつも意匠になるよう何度も図面を描いたという。

図22　淀橋教会と稲冨

作品集の巻頭に掲げられた写真［稲冨：2011b：7］。1500名を収容できる礼拝堂は正方形で、プレキャストのコンクリートにワイヤーを通して積み上げた複雑な形状の屋根によって構成される。（Photo by Josh Lieberman）

図21　途中案の模型

正方形を45度傾けて２つ配置したプラン。実施設計に入るまで、Ａ案からＺ案まで作られ、このプランはＺ案にあたる。模型を作るまで至ったが破棄、現在の設計となった。東西に階段コアを置く現在のプランはＺ案の名残と言える。

第13章

さまざまな建築家　1978〜1981

物事には、時がある。それまでの制約が突然、取り除かれ、導かれたように様々な状況が重なり、一気に動く。一度動けば、いつの間にか慣性がつき、次々と連続した動きが起こることもあろう。

大学の建物の建設は、多くの関係者の意向が絡み合い、少なからぬ資金が必要となる大規模な事業であり、やはり、ある種のタイミングを要するものなのであろう。これまでの国際基督教大学キャンパスの建物の建設時期を見ると、特定の期間に集中していることが分かる。大学に必要な施設を整えるために、本館（改装）、教員住宅、寮、学生食堂、D館、礼拝堂、理学館などを連続して建設した開学直後の1950（昭和25）〜1966（昭和41）年、図書館、体育館、プール、パワーステーションを建設した1972（昭和47）年、教育研究棟（ERB）、本部棟、総合学習センター（ILC）、湯浅八郎記念館、集合住宅を建設した1978（昭和53）〜1981（昭和56）年、オスマー図書館、体育館セントラルロッカー棟（建替え）、D館西棟、アラムナイ・ハウス、グローバル・ハウス（寮）の建設を行った2000（平成12）〜2001（平成13）年、欅寮、銀杏寮、樫寮、ダイアログハウスを建設した

２０１０（平成22）～２０１１（平成23）年である。

こうしてみると、その後、20年にわたり大規模な建物の建設が行われていないことから見ても、この章で取り上げる１９７８～１９８１年の建設をもって、国際基督教大学のキャンパスは一応の完成を見たと言うことができよう。この時期に建物建設が集中した要因としては、中川秀恭（なかがわ ひでやす １９０８‐２００９）第7代学長の建物建設に対する積極性、開学25周年記念としての位置づけなどによるが、その端緒にして最大の要因は、ゴルフ場として利用されていた野川以西の土地を１９７４（昭和49）年以降に、東京都に売却し資金を得たことであったと言える［高橋：２０１２］［後藤・橋本：２０１２］［原：２０１２］。

この時期は、大学としての基本的な校舎は充足しており、新たな建物は、大学の機能を拡張するものとなった。また、開学以来初めて（またこれ以降も）主任建築家を置かずに、建物の建設を行うこととなり、それぞれの建物で建築家を決定する新しい局面に対応する必要が出てきた。この時期は、学外識者との関係※1が、建築家の決定に重要な役割を果たすこととなった。

本部棟は、それまで本館にあった事務スペースや会議スペースを集約・拡張するために作られた建物で、少なくとも、稲冨が主任建築家であった１９７０年代前半には構想があった（稲冨により模型が作られている）。教育研究棟（ＥＲＢ）とほぼ同時期に建設計画がスタートし※2、設計を担当したのは、レーモンド設計事務所であった。レーモンドは、１９７３（昭和48）年、85歳で引退してアメリカに帰国しており［三沢：１９９８＝２００７：２１４、２３５］、事務所はすでに組織として運営されるようになっていた。今回の調査では、受注の経緯は判然としなかったが、１９７２（昭和47）年の図書館第２期建設以降も、継続的に担

※1 中川は、北海道大学に長年勤務し、退官後、北海道教育大学学長を務め、１９７１年より国際基督教大学教授、１９７５年より学長となっている。このような経歴から、学外識者とのネットワークがあったものと思われる。

※2 この点で、本部棟の成り立ちは、湯浅八郎記念館と総合学習センターと区別されるべきとも考えられるが、建設の要因のうち、中川学長の存在および野川公園用地の売却益という2つは、共通していると考えられること、また、稲冨が主任建築家だった時代と明確に区別するため、今回の区分に含めた。

当者が大学に赴いていたことが要因としてあったようである。設計においては、建設を担当する事務職員の意向が取り入れられている［石川：１９８２：１２５-１２６］。

湯浅八郎記念館は、湯浅八郎が京都の自宅に収集・保管していた民芸品コレクションを、国際基督教大学と京都の民芸博物館に分割して寄贈することになったことを契機に※3、創立25周年記念事業としての位置づけを得て、その展示・保存のために建設計画が始まったものである。設計は、記念館建設委員の一員であった千沢楨治（ちざわ　ていじ　１９１２-１９８４）から前川國男（まえかわ　くにお　１９０５-１９８６）の推薦があり、鶴の一声のような形で前川建築事務所が受注するに至った［後藤・橋本：２０１２］※4。千沢は、東京帝国大学文学部美術史学科を卒業した後、東京国立博物館に勤務、学芸部長などを務めた後、１９７７（昭和52）年より上智大学教授、平行して１９７６（昭和51）年から山梨県立美術館開設準備顧問、そして１９７８（昭和53）年より初代の山梨県立美術館長に就任している。山梨県立美術館は、前川の設計によるもので、この時の経験が推薦の根拠となっていた。

前川は、１９２８（昭和3）年に東京帝国大学を卒業後、渡仏しモダニズム建築の第一人者、ル・コルビュジエ（１８８７-１９６５）の事務所に2年間勤務した後に帰国し、レーモンド事務所に5年間勤務した。前川は、レーモンド事務所所員時代から独立した仕事を行い（正式に自らの事務所を開設したのは退社後）、戦前および１９５０年代は、モダニズムを色濃く反映した建築を設計した。１９６０年代からは、徐々に日本の風土にあった独自の作風を確立、特にタイルを外壁面に置きコンクリートを打設する、打ち込みタイルは、晩年の前川のトレードマークのひとつとなった。１９７０年代には、埼玉県立博物館（現　埼玉県立歴史と民俗の博物館）（１９７１）、東京都美術館（１９７５）、熊本県立美術館（１９７６）など、数

※3　より正確に記せば、１９７４年に創立25周年記念事業の一環として国際基督教大学博物館が計画されていた。その後、湯浅が１９７８年に「民芸の心」という講義を開講したのを機に、京都より８００点の民芸品を移送、これを契機に湯浅記念ミュージアム（仮称）の設立が理事会で承認され、建設計画がスタートした［国際基督教大学博物館：１９８４：２］。

※4　一方で、建設の沿革を記した、『国際基督教大学博物館　湯浅八郎記念館　年報 No.1 1982-83』［国際基督教大学博物館：１９８４］の委員の欄に千沢の名前はない。この点はさらに調査が必要である。

多くの美術館や博物館を手掛け、美術館設計の第一人者としても著名であった［前川國男建築展実行委員会：2006］。

総合学習センターは、創立25周年記念事業の一環として建設された。各学科の共同利用施設として、語学教育用教室（ランゲージ・ラボラトリー）、コンピュータ端末室、シミュレーション室、教材制作スタジオ、心理学実験室、集中語学教員研究室、ラウンジなど、通常の教室や教員研究室以外の様々な機能を集積する建物となっている。設計は、献堂式資料や書類上ではK構造研究所だが［国際基督教大学：1981］、基本設計は谷村汎邦東京工業大学助教授（当時）、実施設計はK構造研究所というのが実際のところであろう。

谷口汎邦（たにぐち ひろくに 1931-）は、東京工業大学で建築を学び、修士課程の途中で同大助手に就任した。その後、20年近くにわたり、大学院キャンパスとして横浜市緑区長津田町に開設予定だった、東京工業大学すずかけ台キャンパス計画の実務責任者を務め、配置計画のみならず校舎の基本設計を行った。また、1970年代には、習志野市視聴覚センター・教育研究所（1975、現 総合教育センター）、岐阜県池田町立池田小学校・付属幼稚園・公民館（1980）という2つの教育施設の設計をK構造研究所とともに行い、文部省などから高い評価を得ていた。特に習志野市の施設は、市内小中学校の教育を補う視聴覚室や教育工学研究室、交流のためのコモンスペースなど、コンセプトや機能が国際基督教大学の総合学習センターと重なる部分が多く、意匠やプランに強い共通性が見られる［K構造研究所：1976］。K構造研究所は、谷口の実父で東京工業大学教授であった谷口忠の教え子、松本明男が設立した事務所で、国立大学教員の谷口が担うことができない実施設計を行っていた［谷口：2012a］。

谷口は、教育工学に関する本※5を共同執筆したことから、総合学習センター建設委員であった中野照海教授の紹介で、国際基督教大学の外部専門委員となった。基本的な建物配置やプランは谷口の研究室で作成され、委員会で了承された。委員会終了後に財務担当副学長から設計事務所を紹介してほしいと話しかけられ、その場でK構造研究所を紹介（詳しい説明はできなかったという）、副学長も了承したという［谷口：2012c］。しかし、その後、国際基督教大学側の意向で谷口が基本設計を行った事実は伏せられ、公式にはK構造研究所の単独設計とされた［谷口：2012b］。これは、稲富の時（第12章参照）と同じく、顧問的な立場の者※6が自ら設計を行い、関係の事業者に受注させるのは、大学の損害となる可能性があるという考えが事務方にあり［石川：1982：103-104］、それと整合性を持たせるためだったように思われる。理由を知らされなかった谷口は、設計料が割高になるのを避けたかったのでは、という理解である［谷口：2012b］。とはいえ、この時点ですでに設計は完了しており、実質的には谷口が基本設計を行った建物が建設されることになった。温厚な谷口は、その後、理学館改築委員にも任命され理学館改築に助言を与えている。

以下、本部棟、湯浅八郎記念館、総合学習センターを写真とともに詳説する。

※5　中野照海編著（1979）『教育工学』学習研究社、11章「学校施設・建築の改善」を谷口が担当した。

※6　石川（1982：103-104）は谷口が建築顧問に就任したとするが、これは誤認であろう。

図２　西側入口
他の建物との動線の関係から、最も使われるのが、西側入口である。左側のマクロボードを張った部分は、後年、増築されたエレベータ部分。右側壁面には、打ち放しコンクリートの表面荒しを地にして、荒しを行わない部分で世界地図が描かれる。これは、設計事務所と施工者の寄贈だという[石川：1982：127]。

図３　１階廊下
廊下の南側に職員が業務を行う事務スペース、北側には給湯室や印刷室等の補助スペースを配する中廊下形式。廊下は断続的に吹き抜けとされ、その上部にはヴォールト屋根（かまぼこ型）の天窓を配する。２階廊下部分にも大きな窓を設け、この天窓からの光を取り込んでいる。コンクリート打ち放しの部分には、四角い太い目地を付け、薄い茶色で塗装している。この意匠は、レーモンド事務所自社ビルと似たものである。

本部棟（1978）

鉄筋コンクリート造り、２階建、規模は3370㎡、施工は大成建設である。各事務部門のスペースや幹部教職員用個室、教授会用などの会議室、計算機センター等、大学行政の機能を集積するものとして建設された。場所は礼拝堂前のロータリーの北東に位置する。この場所には、ヴォーリズの設計による副学長宅（学長宅？）があったが、本部棟建設に伴い、取り壊された。東西に長く、北側に突き出した部分を設けたT字型で、東西のラインは、本館ファサードと平行に配置されている（これは、図書館、教育研究棟、理学館、総合学習センターも同じ）。

図１　本部棟ファサード
あまり使われることがないが、南側中央に正面入り口が設けられる。建物の耐久性を考慮し、窓の外側に奥行のある柱と梁を設け、窓や壁に雨が当たりにくい構造とし、雨の当たる柱と梁にはタイルを張っている。

図６　学長室

学長室は、２階一番奥（東側）の南側に配置される。南側の全面にとられた、天井の高さまである腰窓から見える緑が目に入る。この角度から見ると、窓の外側に柱があること、柱のスパンと部屋割が一致していないことが分かる。壁はやや濃いめの塗装がされた木製で、落ち着いた雰囲気。写真には写っていないが、カメラの背後には、アメリカでの国際基督教大学設立運動のきっかけを作ったジョン・マックリーン牧師の肖像画が掲げられている。

湯浅八郎記念館（1981）

鉄筋コンクリート造り、２階建て、規模は1371.2㎡と小さい。正式な開館は1982年６月で、81年８月に亡くなった湯浅がその完成を見ることはなかった。坪単価予算が60万円代と、それまで前川事務所で手掛けてきた美術館の半額程度で、美術品の保存・収納のために山梨県立美術館で試みられた外断熱をさらに発展させる意図から、鉄筋コンクリート壁の外側に、隙間（空気層）を設けて、既製品の住宅用レンガを積み上げるという手法がとられた。設計の過程では田中文雄教授や、エドワード・キダー（J. Edward Kidder）教授、美術専攻の大学院生と何度も熱心な打合せが行われ、通常なら専門業者に丸投げするような部分も、丁寧に検討したという［後藤・橋本：2012］［原：2012］。

図４　１階事務スペース

西側の事務スペースは、学生サービス部など、学生対応が必要な部署が、広く、カウンターのあるスペースに配される。日本の大学でよく見られる空間構成。

図５　中央階段２階部分

上部に設けられたヴォールト屋根の天窓からの光が美しい。正面玄関そばに位置するこの中央階段を境に、東側（写真右側の自動ドアの奥）は幹部教職員の個室、西側は経理グループや管財グループの事務スペースとなる。

図9　エントランス
正面の絵のように見える部分は、背面もガラスの展示ケース。展示される花器の周囲に、ロビーの窓を通して外の緑が映える。入って90度曲がる玄関も前川建築の特徴。

図10　ロビー
展示スペースに対して相対的に広く、窓を大きくとったロビーも前川の美術館の典型。展示室との間を区切るアーチ型の木枠の中には、防火シャッターが仕込まれる。

図7　南東から見たファサード
タイル張り（実際はレンガ積み）の外観、長方形を4分の1ほど重ね合わせその間に置いたエントランスなど、典型的な前川設計の美術館と言える。雨どいの意匠、収まりも見事。前川は、移動の際の視界の変化などを狙い、長方形もしくは正方形を組み合わせるプランを多用したが*、湯浅記念館は、その最少単位、2つの長方形を組み合わせたプランとなっている。

＊完成すれば一筆で書けるようになることから、このような前川のプランを「一筆書き」と呼ぶこともある［前川國男建築展実行委員会：2006：254–255］。

図8　吸気口ディティール（左欄）
外側のレンガ壁と構造の鉄筋コンクリート壁の間の空気層に、空気を通すための吸気口が、外壁の下端に一定間隔で設けられる。レンガの配置は、このような吸気口、窓や雨どいの周囲、コーナーなど、変則的な部分も含めて、すべて図面を制作し、それに基づき施工されている。なるべく表面にテクスチャを与えるように、目地をできる限り奥に置く工夫をしているが、テクスチャに乏しいということで前川はこの住宅用レンガを使う工法に満足していなかったという［後藤・橋本：2012］。茶色と黒のタイルでストライプを作る床も、熊本県立美術館等、この頃の前川作品によく見られる。

図11　1階東展示室

民衆の生活のなかから生まれた民芸品であるから、手に取って触れるように展示したい、というのが湯浅の意向であった。保存を考えれば、見学者に触ってもらうことは難しいが、なるべくガラスケースを使わず、近くで見ることができるように、様々な展示の工夫がされている［原：2012］。

図12　東側階段

力強い手すりの造形が印象的。記念館の雰囲気にあった特徴的なポスターは、館員の福野明子（湯浅八郎記念館エキスパート・学芸員）が、開館以来自らでデザインしつづけてきた。壺の展示も、湯浅の意向を生かしたオープンなもの。

図13　2階展示室

２階は特別展を行うための展示室。手前に見える壁はすべて可動式で、展示によって空間構成・順路を変更するために使用する。厚さが30㎝以上あり、展示室の壁と同じクロスが張られているため、可動壁だとは感じにくい。建物全体も90㎝、９ｍを基準に作られているが、この可動壁も90㎝幅で作られており、大変使いやすいという。こういったところにも、前川の美術館設計のノウハウがうかがえる。奥のガラスケースは、使用しないでオープンな展示を行う場合、壁と同じクロスを張った板をはめ込み、掲示壁として使える、国際基督教大学独自の工夫がなされている［原：2012］。

図14　1階西側展示室

学内の遺跡に関する展示を行うスペース。大きな吹き抜けを生かした地層の展示が楽しい。正面のライトは、設計段階ではなかったが、暗いので急遽付け加えられた。

図17　１階教室
１階の教室の周囲は外廊下が取り囲み、教室ごとに独立していることから、建物の中に建物があるように感じさせる。教室の外側は、黒で統一されている。コスト削減のために窓はすべて既製品だという。

図18　竣工時の語学教育用教室
（101教室）
東棟１階には、ソニー製の最新機器を備えた語学教育用教室が設置されていた。（提供：国際基督教大学歴史資料室［国際基督教大学：1981］）

図15　資料室
１階西側展示室の奥に位置する。英語でいうと Open Storage で、研究者が収蔵庫から研究対象の収蔵品を出してきてもらい研究を行うスペースという位置づけ。これも国際基督教大学独特のものである［原：2012］。現在は小物の展示も行っている。

総合学習センター（1981）

鉄筋コンクリート造り、３棟の長方形の建物を雁行型に配置、連結しており、東側の建物が２階建て、中央の建物が４階建て、西側の建物が３階建てとなる。場所は、本館と理学館との関係から決定されている。規模は３棟合計で4363.37㎡、施工は大成建設。竣工当初は、東棟には語学教育用教室、２つの事務室とコンピュータ端末室、中央棟には心理実験室や心理実験用のシミュレーション室、西棟には英語教員研究室と日本語教員研究室を配置していた。

図16　竣工当時の外観（左欄）
３棟の組み合わせがよく分かる。本館との渡り廊下も、この時、一緒に作られている。建物の一番外側に柱と梁を置くアウトフレーム構造が特徴的。白い外観や、横長の窓、ピロティのような１階の広い外廊下は、ル・コルビュジエを思い出させる。（提供：K構造研究所）

図21　161教室

１、２年時の集中語学教育で使われる教室。無塗装有孔ボードを使った壁や、同じく有孔ボードの内戸を持つ掃出し窓などに特徴がある。1980年代以降の入学者のほとんどは、入学当初、ここで語学の集中教育を受ける。

図22　３階心理実験室前廊下

４階は緑、３階は青、２階と１階にはオレンジ、エレベータホールは黒と黄色がアクセントのために塗られている。床、天井、壁ともに白で、窓が見えにくいせいか、２階以上は、「理系の空間」という印象を受ける。

図19　2012年時点の語学教育用教室（103教室）

現在、機器はすべてPCに置き換わるとともに、竣工当時は無塗装だった有孔ボードが白く塗装されている。

図20　2012年時点の101教室

プレゼンテーションやワークショップ用の教室にリニューアルされている。

補章

ヴォーリズの手紙——ある名建築家のコミュニケーション[※1]

はじめに

建築家とは、多くの場合、他人である施主の命運がかかった多額のお金を使い、自分の良いと信じる作品を作るという変わった職業である。しかも、他の商品や芸術品とは違い、施主は建築家が作ったもののなかで何十年も過ごすことになる。それゆえ、施主が設計に非常に強い様々な要望を持つのは極めて自然なことである。また、資金の規模も施主の人生や事業を左右する額になるから、その使い方についても当然、非常にシビアになる。建築家は、こういった厳しい施主の意向に直面しつつ、自分自身が良いと考える建築を作るのである。

※1　この章は、高澤紀恵・山﨑鯛介編（2019）『建築家ヴォーリズの「夢」戦後民主主義・大学・キャンパス』勉誠出版　の一つの章として筆者が書き下した原稿に加筆し、収録したものである。この原稿を執筆する過程で、様々な新しい発見があったが、紙幅の都合上、すべてを書ききることができなかった。そのため、関係の方々の許可を得て、こちらに加筆した原稿を掲載させていただく次第である。このような経緯から、多少、前章と内容に重複する部分があるのだが、ご容赦いただきたい。『建築家ヴォーリズの「夢」』は、歴史、社会学、建築史、ヴォーリズ研究などの様々な研究者が、ヴォーリズと国際基督教大学を論じた本である。ご興味のある方はそちらも参照されたい。

したがって、建築家に必要な能力とは、斬新さや美しさ、使いやすさなどを実現する建物を設計する能力とともに、施主の希望を聞きつつ建築家の考える建築を納得してもらうコミュニケーションの能力であると断言できる。いや、むしろ後者のコミュニケーションの能力のほうがはるかに重要であると言えるのかもしれない。そもそも、建築とは様々な素材、部材を加工し組み合わせて実現するものであり、そこでは様々な職能の人々とのコミュニケーションが必須となる。そして、建築家に求められるコミュニケーションのなかでも、施主とのコミュニケーションは特に大切なものだ。個人で始めた建築家の事務所が発展し、所員を抱えるようになると、どのように仕事が分業されるのかを考えてみればよい。図面を描くことや、積算、建設業者とのやりとり、場合によってはスケッチやコンセプトづくりも所員に任せることがあっても、結局、建築家が最後まで担うのは、施主との折衝なのである。

本章は、ヴォーリズという名建築家と、施主である国際基督教大学の手紙のやり取りを分析するものである。この研究には、以下のような意義がある。第一に、建築家のコミュニケーションという面である。手紙のみという限定されたコミュニケーションではあるが、建築家のコミュニケーションの一例となりうる。第二に、ヴォーリズ研究という面である。手紙を読むことで、ヴォーリズの言葉使い、人格と人生、電話が一般的でない時代に遠隔地とどのように仕事を進めたのか、などを知ることができる。第三に、ヴォーリズが国際基督教大学にどのような夢（思い）を抱いていたか、それを明らかにすることができる。結果として、この研究は、第二、第三の意義が多くを占めることとなった。

本章は、その前半で一粒社ヴォーリズと国際基督教大学に残されている333点の資料の概要を整理する。後半では、ヴォーリズが書いた手紙を個別に取り上げ、その特徴を明らかにする。

ヴォーリズの手紙概要

一粒社ヴォーリズ建築事務所東京事務所には、275点の国際基督教大学とのやり取りの手紙や資料が残されている。今回の研究は、この一粒社所蔵の資料の整理から始めた。この資料を時系列に並べて分布を把握し、当時の国際基督教大学での建物建築の状況と照らし合わせると、多くの建物が建設された1954年以降の資料が極端に少ないことが明らかになった。通常、多くの建物が建てられる時期には、コミュニケーションも増加するので、この資料に含まれていない手紙等の存在が疑われた。そこで2017年11月に、国際基督教大学図書館の歴史資料室に確認したところ、数年前までは公開されていなかったヴォーリズやキャンパスの建設に関連した大量の資料の存在を知った。今回は、残念ながら出版スケジュールの都合上、すべてを読み込んで整理することはできず、一粒社の資料から特に抜けていると思われる、1954年から1956年のヴォーリズ社との手紙や資料のフォルダ※2を整理し、一粒社の資料と合わせて研究することとした。このフォルダは、1953年4月から1957年5月まで国際基督教大学の財務担当副学長を務めたハロルド・ハケット（詳しくは後述）がヴォーリズ社とのやり取りをファイルしたもので、58点の資料からなる。

これらの資料の概要を整理すると以下のようになる。

第一に、資料の内訳である。筆者は今回の資料を、手紙、メモ的な手紙、その他資料、議事録、見積もり、契約書、電報の7つに分類した。その他資料には、キャンパス整備のスケジュール、募金の建物ごとの目標金額、募金呼びかけの文章、建物や備品の提案書など様々なものが含まれる。契約書には受諾書・合意書など契約書に準じるものも含む。

※2　国際基督教大学図書館の歴史資料室において、このフォルダは、番号「7-1-18」名称が「Correspondence-W. M. Vories & Co.」として整理されている。

この分類に基づき、その数を整理すると表1のようになる。ヴォーリズ社の資料には、主に手紙を複製したコピーが54点含まれているので、コピーを含む数と、含まない数に分けて整理した。コピーは、キャンパスの現地事務所、東京事務所、近江八幡の本社の関係する複数の社員で情報を共有するために作られたものであろう。コピーを含まない数の一粒社資料と国際基督教大学図書館の資料を合算すると、手紙が185点、手紙だがメモと題され業務的側面の強いものが32点、合計すると217点で、全体点数278点に対して、78%が手紙である。この手紙の割合の高さに加え、電報を除き、議事録、見積もり、その他資料等は手紙で同封と言及されたものがほとんどであり、手紙が業務の基本的なコミュニケーション手段だったことを示している。

第二に、この資料が記された時期は表2のように整理できる。表の数字は、コピーを除いた資料の数である。当時の国際基督教大学での仕事との関係が分かるように、出来事の欄には、各年に起こった建築に関係する出来事を記した。最も古いものは1949年8月8日にアメリカのJICUFの会長であったディッフェンドーファからヴォーリズへ送られた手紙で、ヴォーリズが国際基督教大学の主任建築家に選ばれたことを知らせるものだ。最も新しいものは、1959年2月4日のヴォーリズ事務所のオザキ氏から当時の国際基督教大学の財務副学長ブルナーへの手紙で、レーモンドが行う礼拝堂の改築へのヴォーリズ事務所の関与を否定するものとな

表1　ヴォーリズ事務所資料および
国際基督教大学図書館歴史資料室資料の内訳

	一粒社の資料		図書館歴史資料室の資料	
	コピーを含む数	コピーを含まない数	コピーを含む数	コピーを含まない数
手　紙	210	158	28	27
手紙（メモ）	10	10	22	22
その他資料	37	36	8	8
議事録	8	8	0	0
見積もり	5	5	0	0
契約書	3	2	0	0
電　報	2	2	0	0
合　計	275	221	58	57

（一粒社ヴォーリズ事務所所蔵資料および国際基督教大学図書館歴史資料室ファイル「7-1-18」に基づき、筆者作成）

表２　年別で整理した資料の分布および出来事

年	資料総数合計	うち一粒社資料		うちICU資料		出来事
		総数	うち手紙及び手紙（メモ）	総数	うち手紙及び手紙（メモ）	
1949年	22	22	17	0	0	６月、国際基督教大学計画関係者が御殿場で会議、大学概要決定
1950年	60	60	48	0	0	春、ヴォーリズ、本館、理学館、体育館、泰山荘等の改築・建築計画作成。開学を51年春から52年春に延期
1951年	72	72	62	0	0	２月、本館改装工事起工
1952年	13	13	9	0	0	４月、国際基督教大学献学。この頃教員住宅３棟、学長宅、既存建物のアパートメントへ改装（東林荘）などの工事
1953年	9	9	7	0	0	４月、正式開学。秋、礼拝堂・教員住宅着工
1954年	20	2	1	18	15	４月、男子寮・女子寮、食堂、教員住宅１軒着工。５月９日、礼拝堂献堂式。11月、女性向け教職員アパート（メイプル・グローブ）、教員住宅５軒着工。教会音響問題
1955年	30	6	3	24	20	５月25日、男子寮・女子寮、メイプル・グローブ、教員住宅、食堂の献堂式。この頃本館内図書館の蔵書があふれ図書館建設計画が持ち上がる
1956年	19	4	4	15	14	第二男子寮、第二女子寮完成し使用開始
1957年	17	17	11	0	0	６月、ディッフェンドーファ記念会館着工。夏、ヴォーリズ軽井沢でクモ膜下出血に倒れる、当時77歳
1958年	8	8	5	0	0	３月、ディッフェンドーファ記念会館献堂式。新しい主任建築家としてアントニン・レーモンドを招聘
1959年	1	1	1	0	0	６月22日、図書館着工、礼拝堂の改築開始。シーベリー・チャペル完成し使用開始
年不明	7	7	0	0	0	
合計	278	221	168	57	49	
コピー	55	54	52	1	1	
コピーを含む資料総数	333	275	220	58	50	

（一粒社ヴォーリズ事務所所蔵資料および国際基督教大学図書館歴史資料室ファイル「7-1-18」に基づき、筆者作成）

っている。これ以降、ヴォーリズ事務所と国際基督教大学の関係は基本的に解消された[※3]ので、この手紙が大学との最後のやり取りと考えられるものである。最初の手紙から最後の手紙まで約10年、すくなくとも期間という面からみれば第一期の国際基督教大学でのヴォーリズ事務所の仕事[※4]をすべて含んでいるということになる。

距離を超える英語とタイプライター

他に資料全体を見て特に指摘できるのは、ほぼすべての資料が英語で記されていることがある。例外は、3点の和文資料で、第一のものが女子寮でのボヤの報告書（1950年2月8日）、第二が本館西翼にあった図書館の床荷重に関する報告書（年月日不明、1955年2月?）、第三が女子寮での溶接作業中の小爆発の報告書（1955年3月3日）である。いずれもヴォーリズ社の現地事務所の社員が緊急に書いたものであり例外と言えよう。これら和文の文書はすべてカーボン紙を使った手書きの複写として残っている。これらを除けば、日本人が書いた手紙やメモも、すべて英語だ。タイプライターで書かれた手紙にヴォーリズ事務所の日本人社員が手書きでコメントを書き添えた資料が2点あるが、このコメント部分ですら英語であり、その徹底ぶりには驚かされる。

これは、当時の国際基督教大学に特有な状況だったのだろうか、ヴォーリズ事務所の業務のあり方だったのだろうか。おそらく、その両方であろう。ヴォーリズが国際基督教大学の主任建築家であった1949年から1956年の間、そ

※3　しかし完全に解消されたわけではなく、ヴォーリズ事務所の設計した建物の改築などの場合、引き続き一粒社ヴォーリズ事務所が担当した。2000年には、一粒社ヴォーリズ事務所により体育館セントラルロッカー棟の建て直し、ディッフェンドーファ記念館西棟の設計が行われ、ここに国際基督教大学との関係が復活した。

※4　※3で言及したとおり、第二期は2000年以降ということになる。

してその後しばらくも、国際基督教大学の行政は幹部レベルでは英語で行われていたことが、国際基督教大学側に残る英語で記された理事会の議事録や書類などから分かる。学長の湯浅八郎は、18歳で渡米し、アメリカで大学および大学院教育を受け英語に堪能であったし、財務副学長のハケット、学務副学長のトロイヤーはアメリカ人であった。今回の資料の中には、大学の日本人幹部職員である細木盛枝やヴォーリズ事務所の日本人現地社員と、ハケットとの多数のやり取りが含まれるが、これらもすべて英語である。また、ヴォーリズ事務所内のやり取りも、英語でなされている。例えば、1956年2月2日の国際基督教大学の現場事務所勤務であった柿元氏からヴォーリズへの、国際基督教大学関係者とのミーティングの報告の手紙も手書きの英語で記されている。また、ヴォーリズが事務所に向けて書いた短い手書きの指示も英語だ。戦前からヴォーリズ事務所は、キリスト教ミッションなどの外国人クライアントを多く獲得してきたが、その大きな要因のひとつが英語でのコミュニケーションであったことが今回の資料から明確に見えてくる。

また、12点の手書きの手紙や資料をのぞいて、すべてタイプライターが使われていることも特筆できる。コピーをのぞいた資料点数278点のうち、手書きは12点で4・3%にすぎない。12点のうち、3点が前記の和文報告書、残り9点のうち7点がヴォーリズの手書きの手紙である。ヴォーリズは手書きで気軽に手紙を送る傾向があった（これについては後述）。そして、カーボン紙と薄いタイプ用紙を使って一度に複数枚の文書を作成できるタイプライターにより、多くのコピーが作られている。そもそも、手紙のみならず、すぐに捨てられそうな現場事務所や職員へのメモまでもが残っているのは、秘書がタイプライターで清書する際にコピーを作成し、それを差出人控えとして保管していたからだ。特にヴォーリズ社内では、他の担当社員と情報共有を行うためであろう、ヴォーリズの手紙は1950年6月までは基本的に3通のコピーを作り、1952年1月までは2通のコピーを作っている（それ以降は控えの1通のみ）。また、ヴォーリズもしくはヴォーリズ事務所の宛名で国際基督教大学から受け取った手紙・手紙（メモ）75通のうち、21通は、わざわざ社内のタイプライターでコピーを作成している。タイプライターはコピー機のない時代のコピー機でもあったのだ。そして、著者も今回、これらの資料を読む際に痛感したが、タイプライターによる文書は読みやすく、手書きより圧倒的に速く読むことができる。

タイプライターによるコピーは、社内の1対多のコミュニケーションを可能にしていただけでなく、他人の手紙のコピーや資料を同封するという方法で、組織を超えた1対多のコミュニケーションを可能にするものでもあった。例えば、1950年5月4日にハケットがヴォーリズに送った手紙では、その2日前にハケットがニューヨークのJICUFに送った手紙のコピーを同封している。当時の国際基督教大学の建物建設は、JICUFを通じた全米の募金により賄われ、資金面ではJICUFの承認が必要とされる一方で、建物プランは三鷹キャンパスのハケットと近江八幡のヴォーリズがやり取りし、近江八幡のヴォーリズ社で作成、三鷹キャンパスで開催された建物委員会、理事会で承認された。また、募金のPRのために先行してプランやスケッチをJICUFに送る必要があり、募金の進捗状況や大学の状況の変化により、何度もプランを作り直し、作り直しに伴う資金面の承認のためにJICUFに見積もりを送るなど、非常に複雑な業務の進め方となった。これを、ニューヨークと三鷹と近江八幡の間で行うのである。タイプライターのコピーによる情報共有は、国際基督教大学の建築計画において、必須だったと言えよう。

しかし、このような状況はヴォーリズにとって初めてではなかったはずである。ヴォーリズは、多くのミッション・スクールの建築を手掛けたが、その多くは国際基督教大学と同じようにアメリカのキリスト教諸宗派からの資金援助によって建てられたものであった。当然、日本にいる学校運営者だけでなく、アメリカにある宗派本部とのコミュニケーションも必要とされたことだろう。また、ヴォーリズの手掛けたプロジェクトは戦前だけで1500にものぼり、北は北海道から南は沖縄まで、外地では韓国・北朝鮮、台湾や上海にも広がっているが、この数の多さと地理的な広がりは、英語とタイプライターが実現した効率的なコミュニケーションによって可能になったのである。

もちろんタイプライターを使った業務は、当時のアメリカで一般的なビジネス慣行であり、ヴォーリズや国際基督教大学だけの特徴ではない。レターサイズへの統一、住所連絡先を書いたレターヘッド、日付、宛名、差出人を手紙自体に記す書式の統一（封筒がなくても手紙の位置づけが分かる）なども含んだ、この一連のシステムは、広い国土で対面によらず距離を超えて業務を可能にする仕組みとして確立したもので、アメリカ人や英語に精通した人々の共通の常識であったことは今回の研究でも強く感じるところである。これは国を超えて業務を行うことを容易にしたのみならず、今回のように整理・保管された文書により歴史が作られていくという面でも、タイプライターを使ったアメリカの文書管理システムの優位性を再確認させられる。

カウンターパートとしての ハロルド・W・ハケット

今回の資料には、コピーによる重複を除くとヴォーリズが差し出し人である手紙が62通、ヴォーリズが受け取り人である手紙および手紙（メモ）が87通ある。（受け取りにはヴォーリズ事務所ヴォーリズ宛（The Vories Company Attention: Dr. Merrell Vo-

表3　ヴォーリズが出した手紙の宛先

宛先	通数
ハケット	34
ディッフェンドーファ*	13
湯浅八郎	3
MASTEN-WRIGHT 社	2
トロイヤー	2
スミス	1
JICUF	1
（応札した）建設会社各位	1
サージェント社	1
チェーピン	1
トムリソン	1
一柳真喜子	1
マーティン	1
合計	62

＊JICUF 宛だが、Attention: Dr. R. E. Diffendorfer, President と書かれたものも含む。

注）MASTEN-WRIGHT 社はヴォーリズが通常使った蝶番などの金具メーカー、サージェント社製品の販売会社、トロイヤーは国際基督教大学の初代学務副学長、スミス（John Coventry Smith）は JICUF 初代副会長、サージェント社は前出の金具メーカー、チェーピンは1910～1913年のヴォーリズ合名会社共同経営者（後述）、トムリソンは近江兄弟社への入社を希望するアメリカ人、一柳真喜子はヴォーリズの妻、マーティンはブルックリン大学教授。

表4　ヴォーリズが受け取った手紙の差出人

差出人	通数
ハケット	54
ディッフェンドーファ	11
湯浅八郎	6
ルース・ミラー	3
山本忠興	2
David Bryn-Jones	1
E. Stanley Jones	1
Edna Diffendorfer	1
KURITA 商会	1
Paul Wunderlich	1
小川 Y（ヴォーリズ社員）	1
柿元（ヴォーリズ社員）	1
大成建設松下	1
高橋たね	1
竹中工務店社長	1
トロイヤー	1
合計	87

注）ルース・ミラーは JICUF 事務局長の行政補佐でのちに主事、David Bryn-Jones は不明だがヴォーリズの友人と思われる人物、E. Stanley Jones も詳細は不明だが礼拝堂に関連した寄付をしたと思われる人物、Edna Diffendorfer はディッフェンドーファ JICUF 会長の妻、Paul Wunderlich はニューヨークの温熱設備のコンサルタント、高橋たねは国際基督教大学の初代図書館長。

ries Hitotsuyanagi）なども含む）。それらの宛先、差し出し人を整理すると表3、表4のようになる。

これらの表を見ると、国際基督教大学のプロジェクトにおいて、ヴォーリズが群を抜いてやり取りしたのは、ハケット財務担当副学長であったということが一目瞭然だ。ハケット（Harold Wallace Hackett 1894-1958）の経歴は以下の通りである。1894年にウィスコンシン州に生まれたハケットは、1915年にケンタッキー州のリベラルアーツ・カレッジであるベレア大学（Berea College）を卒業、コロンビア大学大学院を経て、1918年から2年間ベレア大学で会計補佐を務めた。そして、1920年から1941年までの長きにわたって日本に滞在し、アメリカンボード・ジャパンミッションの会計および神戸女学院の会計を担った。1941年、日米関係の悪化に伴う退去勧告によりアメリカに帰国し、1942年にアメリカンボード会計補佐を務めた。1950年に再来日、1953年までは国際基督教学園理事兼会計、1953年4月からは学校法人国際基督教大学理事・国際基督教大学財務副学長となり、体調不良により1957年5月に帰国するまで、その地位にあった※5。

特筆すべきは、戦前に神戸女学院で理事を務め、ヴォーリズの最高傑作のひとつである神戸女学院岡田山キャンパスの建設時（1929-1933）に、建築委員会の委員長であったことである［神戸女学院記念帖委員会：1984：138、150、159］※6。神戸女学院の建物が素晴らしいものになったのは、ヴォーリズ事務所の力量はもちろんであるが、神戸女学院側で計画の実務を担ったハケットとのコミュニケーションが適切であったこと

※5 ハケットの経歴は、井出［2014］、井出［2016］、国際基督教大学図書館に在職していたハケットの息子（長男だと思われる）が国際基督教大学に残したメモに基づく。

※6 138頁では、建築委員会委員長の名前が、ハロルド・エチ・ハケットとなっているが、150頁ではHAROLD W. HACKETT、159頁ではハロルド・ダブリユ・ハケットとなっているので、138頁は間違いであろう。

図1 国際基督教大学の会議で発言するハケット。背後に、格納庫を転用した体育館のスケッチや多くの図面が掲示されていることから、建物に関する会議だったのであろうか。（提供：国際基督教大学歴史資料室）

も一因として挙げられる。実際、ハケットは、ヴォーリズを伴い帰宅し食事した後も、なおキャンパスに関する話し合いを続けていたという［井出：２０１４：31］。岡田山キャンパスの落成式では「設計者工事者に対する感謝状贈呈」が式次第に含まれ、建物ごとの寄付者経歴や寄付の経緯を記した記念誌「新築記念帖」でもわざわざ1頁を割き、ヴォーリズ（および施工会社社長の竹中藤右衛門）に謝辞を表していることから見てもわかるように、神戸女学院側の満足度は非常に高かった。ちなみにこの謝辞には、監督を務めたヴォーリズの片腕たる村田幸一郎と、のちに国際基督教大学で現場監督を務めることとなる原仙太郎への言及がある。

このようなつながりから、ヴォーリズとハケットは国際基督教大学のプロジェクトを始める前から、互いに信頼関係があったのである。そのため、ヴォーリズとハケットの手紙のやり取りは、シビアなことを伝える場合を除いて、Dear Merrell、Dear Harold もしくは Harold san と手紙の冒頭の宛名にファーストネームを用いている。これは他の人との手紙のやり取りでは見られないものである。

他にハケットについて言えることは、彼が細かく几帳面であったであろうということだ。それは、残された彼の手紙のコピーや資料から強く感じられる。ハケットの残した資料は、「VORIES CO. - Corespondence（1950）」、「VORIES CO. - Correspondence（1954– ）」、「VORIES - Mr. Kakimoto」などのタイトルが付けられた、二穴綴じ金具付きの二つ折りフォルダに、きちんと時系列順に綴じられている。

特に、Ａ５大のメモの多さは特筆すべきもので、本稿で取り上げたフォルダの資料の約半分（20通）が現地のヴォーリズ事務所や大成建設事務所の所員宛に出されたメモの控えである。しかも、その内容が細かい。「本館理事室の東側のドアが（筆者注：動きが?）悪く、修理が必要です。それを確認して、修理してください。」（１９５５年10月１日、ヴォーリズ現地事務所原氏・国際基督教大学行政部の細木氏へのメモ）、「コンクリートの歩道の間にある道の高さが、雨天時の排水を行うのに十分ではありません。最近の雨で、道に大きなプールができました。大成建設に会って、これらの道を、できるだけ早く完成させるようにしてください。」（１９５５年10月３日、原氏・細木氏へのメモ）という調子で一度メモを出し始めると2、3日おきに集中的に出す傾向もみられる。キャンパス内にヴォーリズ事務所の所員が常駐しているのだから、会った時などに口頭で伝えても良さそうだが、文書で記録を残すことを重視したのだろう。アメリカンボード・ハウスとして建設された自分の家については、さらに細かく、電話は居間と台所の両方から使える場所にあるべき、洗面室に電気カミソリのためのコンセントがあるべきだ（1955年11月18日、原氏へのメモ）とか、浴室のラジエターが大きすぎる、泰山荘のラジエターの方が良い（1956年2月9日、ヴォーリズ事務所へのメモ）といったメモを残している。神戸女学院の建設時には、ハケットの指示で図書館に螺旋階段が設けられたという伝聞もあり［井出：2014：29］、このような指示とヴォーリズ側の対応は、初めてのことではなかっただろう。国際基督教大学のプロジェクトは細かく几帳面なハケットと、気さくで明るく柔軟なヴォーリズとのコンビで進められたのである。

ヴォーリズは建築設計という仕事をどう考えていたのか

これ以降の節は、ヴォーリズの仕事観や、人格、コミュニケーションの特徴などが分かる手紙や資料を具体的に取り上げる。この節では、ヴォーリズが建築設計という仕事をどう考えていたのかに焦点を当てる。

まず取り上げるのは、今回の資料のなかでは最初のヴォーリズの手紙となる、1949年8月25日のディッフェンドーファへの手紙だ。これは、国際基督教大学の主任建築家に決定したことをヴォーリズに伝える1949年8月8日のディッフェンドーファの手紙（資料のなかで最も古いものである）、および、募金のパンフレット用のキャンパスのレイアウトのスケッチおよび見積もりを求める1949年8月16日のディッフェンドーファの手紙への返信として書かれたものである。

軽井沢、日本　1949年8月25日

Dr・R・E・ディッフェンドーファ博士　メソジスト教会伝道団理事
150五番街　ニューヨーク、N.Y.、U.S.A.

ディッフェンドーファ博士

あなたの8月8日の手紙が、秘書もタイプライターも、レターヘッドの付いた紙さえもない私のところに来ました。（家から離れて数週間の間、国際基督教大学の計画とレイアウトに関連して、東京と軽井沢を行ったり来たりしています。）

しかし、私は少なくとも暫定的な答えを今あなたに与えるべきだと感じています。

レイアウト図については、私はそれを予定地に持っていき実際の等高線などを確認しました。ポイントからポイントへ歩き回って測量し、建物を少しずらして救うべき価値のある木や、調査地図のちょっとした間違い、少なくとも配置上一つ（あるいは二つ）の建物を動かさなければ電線が屋根にかかってしまうこと、配置をとても論理的なものとし、いろいろなグループの建物が建設された後に土地の傾斜を緩くするような効果を（結果的に）持つ素晴らしい地形、といった幾つかの可能性と制約を発見しました。

この詳細なデータを利用して、レイアウトは現在作り直されており、数日以内にあなたに送ることができるでしょう。また、我々は正面のグループ（本館、礼拝堂、図書館）の透視図と提案された計画を送ることができます。もちろん図書館は仮のものなので、アメリカの専門家の提案と批評の対象となります。そして我々は、経験に裏打ちされた例として、日本の気候とここに滞在する外国人の生活と仕事の条件に十分対応できる、幾つかの住宅の案を含めることを予定しています。

本館の外観は、残された白い象（筆者注：「やっかいなもの」の意）の骨組みに仕上げをすることで、かなり良くなるでしょう。中央部分を一階増やし、窓の棚と直立材を十分に外壁に埋め、南西と南東の角を十分なスペースの壁で囲み角を強めることが、建物を工場から学校へ変容させるでしょう。

建築業務に関連した金銭的な疑問に関して、私はあなたに東京で説明したと思いますが、我々は管財人に報告しないといけないことから、職業上、その種の業務の全国統一の料金表の料金に従う必要があります。しかし、教育や宗教のための建設計画への寄付に対して規制する法や強制力はありません。それゆえ、仕事が進み資金が許せば建設基金に寄付を行うことが習慣となっています。従って財団にとっての総費用が法定レートよりも低くなることは確かです。後者は建物の種類（住宅、学校、教会、商業建築等）と建設総費用（これは規模による）の逆関数によって等級付けされています。我々はすべての建物をひとまとめにすることで、正当に報酬を最も低いタイプに設定し、計画全体の規模により自動的に単位料金の割合を小さくすることができます。

我々はまだ正確な率を計算する完全なデータを持っていません。しかし、我々は日本のキリスト教運動の進展のために働いている（これは日本における我々自身の組織のただ一つの目的である。）という原理に基づき仕事を進め、この仕事で我々は私財を、それ自体は同じ目的のために費やされるのだが、増やすつもりはないということをあなたは確信されてよいと思います。

我々は、契約において優先的な考慮を得ようとする、主要建設会社のみならず、小さな建設会社からのアピールにも囲まれています。しかし、適格な会社からの入札を厳密に実施し、決して一番安い値段という考えのみではなく、いろいろな提出物に対する我々の精密な分析に基づき、最良の結果を約束する見積もりに契約の栄誉を与えるという、我々が維持してきた習慣に、この仕事も例外ではないことを我々は彼らに伝えています。

幸運なことに我々は日本で40年以上の経験があり、最良の建設会社はすでに、我々の基準と、東洋の状況に慣れていない外国の建築家には効き目があるかもしれない、仕掛けや抜け道によって何も得られないことを知っています。

個人的に私は計画されている様々な建物のスケッチを作り、修正し、作り直したりすることに非常な喜びを感じています。なぜなら、この世の神の国のための大きなプロジェクトを分かち合う特権のために、我々の会社は財団に恩返しをするべきだからです。

何人かは私の親友で、最も有能な同僚と言える、アメリカのあなたのスタッフ全員によろしくお伝え下さい。

敬具

メレル・ヴォーリズ・ヒトツヤナギ

P.S.　アメリカの批判者を安心させるために、彼らが抱く明確な違和感の幾つかは日本の気候や入手可能な現地の資材、地震によるものであり、すべてが我々の不手際のためでないことを説明されるよう望みます。

CC：東ケ崎氏

この手紙は、主任建築家への就任決定を知らせる手紙への返信であり、旧知のハケットではなくJICUF会長であるディッフェンドーファ宛※7であることから、ヴォーリズにしては幾分フォーマルに書かれている。そのなかでも自分の近況を交え、仕事への思いを語るなど、単なる事務的な手紙とは異なるヴォーリズらしさが見て取れる。まずは軽井沢が差出住所になっている点が指摘できよう。戦前、ヴォーリズは夏季に事務所ごと移動して軽井沢で仕事をしたことや、戦争中に軽井沢への通年の居住を半ば余儀なくされたことは知られているが、戦後も夏季は軽井沢に移動して仕事をしていたことが分かる。さらに実際にヴォーリズがキャンパスを歩き、レイアウトを決めたということも読み取れる。「アメリカの専門家」「アメリカの批判者」への言及は、ディッフェンドーファの手紙の内容に対応したものである。この手紙は、「財団の多くのメンバーがあなたを個人的に知っていることから、理事会の決定に熱狂的な支持が」あり、主任建築家に決まったことを伝える一方で、アメリカの学校建築専門家と特に図書館建築専門家の助けを借りることを前提として決定がなされたとも告げている。ここにヴォーリズは少し反発を感じているようであり、それと同時に日本での建築家として40年以上にわたり仕事をしてきたことに対する誇りと、そのキャリアにより可能になる日本に適した建物や建築会社に対する規律が語られている。ヴォーリズのアイデンティティが建築家よりも伝道者にあったことは周

※7　この手紙では、ディッフェンドーファの肩書がメソジスト教会伝道団理事となっているが、ディッフェンドーファのJICUF会長就任は1948年12月であり、この手紙が出された時点ですでにJICUF会長であった。しかし、この時期には、まだメソジスト教会伝道団の事務所で仕事をしていたため、このような肩書を記したものと思われる。

知の事実だが、このＩＣＵプロジェクトを「この世の神の国のための大きなプロジェクト」とし日本のキリスト教の進展のため、利益は追求しないとしている部分も注目される。このようなキリスト教への意識は、「WHAT WE ARE PLANNING FOR THE INTERNATIONAL CHRISTIAN UNIVERSITY」と題された、いわばプロジェクトに対する所信表明ともいうべき文書に、さらに明確に示されている。

WHAT WE ARE PLANNING FOR THE INTERNATIONAL CHRISTIAN UNIVERSITY

メレル・ヴォーリズ・ヒトツヤナギ、法学博士
近江兄弟社建築部　国際基督教大学主任建築家

その職業にふさわしいどんな建築家も、提案されている国際基督教大学のような、歴史的で記念碑的な、国際的に重要な機関を実現するための物理的な施設の建設に参加できる責任と機会に、感動し、意欲をかき立てられるだろう。我々は、我々の情熱や、深い感謝の念と責任の感覚を抑えるつもりはない。実際、45年間にわたる我々のキャリアの経験すべてやその他が、現在の仕事のための主たる準備になっていると我々は感じている。（中略）我々は大規模に大きな計画を夢見るだけでなく、細部と数ペニーを見る習慣を身につけてきた。

Ｉ　目的と方針

建築家として、我々は提案された国際基督教大学の建物に主に関心を持つ。しかし、もし我々が建物にしか関心がないとすれば、我々自身の宣伝となるであろう建築としての傑作（もしくは奇怪なもの）の素晴らしい組み合わせ――教育のためにはとても疑問のあるサービス――を作るかもしれない。我々は、教育の目的にぴったりと適応する構造のグループを設計し実現できるよう、教育に興味を持たなければならない。

それゆえ、我々は教員と学生の助けになり、最大の効率で彼らの目前の仕事を達成する道具を与え収容する施設を建てる

ことに、さらなる関心を抱いている。

このねらいを常に心に持ち、建設されるべき第一期の建物の上に、我々がそのように開発されるのを望むような、大学全体の総合配置の作業を行っている。

今回のような大きなプロジェクトにおいては、すべての施設のどんな部分に対しても明確な神の意図があるはずである、と我々は信じている。それゆえ、それぞれの建物が展開するまで、我々が始めているように、祈りを第一に、それから鉛筆で書き込み仮の図面に批評を加え、細部を一緒に確定することの継続を提案する。40年の実務に基づく様々な研究と経験、判断による図面にもかかわらず、最上の、宇宙の建築家とそれが含むすべてのものによる導きに基づくすべての動き以外、我々は未だ仕事に対して不十分であると感じている。（以下略）

「45年間にわたる我々のキャリアの経験すべてやその他が、現在の仕事のための主たる準備になっていると我々は感じている」という言葉は、ヴォーリズの人生と国際基督教大学の役割を考えると、ヴォーリズの心情を非常によく表した言葉だったと言える。ヴォーリズは、日本におけるキリスト教伝道の初期であった１９０５（明治38）年に来日し、一人で伝道を始め、全国のミッション・スクールの発展に伴って関西学院や九州学院、活水学院などの全国に点在する数多くのミッション・スクールの建築を手掛けつつ、自身のミッション団体である近江兄弟社も発展させてきた。戦争中は日本に帰化したものの、敵性外国人として3年間を軽井沢で過ごすことを余儀なくされた。そして、終戦後の日米和解のプロジェクトとして、日本におけるキリスト教教育の頂点として計画された国際基督教大学の建築を一手に任されたのである。ヴォーリズの心境はいかばかりであっただろうか。また、この文書で強調されているのは、建築のみに関心を置くのではなく、教育の現場で機能する建物を建てることである。キリスト教の神を「宇宙の建築家」と記しているのは、詩人でもあったヴォーリズらしい詩的な表現である。

親切と親しみ

ヴォーリズの手紙を読むと、単なる施主と設計者との関係を超えた友人同士のやり取りのような感じを受ける時がある。そう感じさせるのは、建築設計という依頼された仕事を大きく超えて、自身の寄付や寄付をしそうな人の紹介、人物紹介などを行うなど、まるで大学の一員もしくは後援者のように熱心に新大学の建設に協力しているという点と、自分の近況を、時には妻や社員の動向なども交えて親しみのある言葉で語る点であろう。このようなヴォーリズの態度が、ICUプロジェクトへの強い思いやハケットとの関係を前提とした、国際基督教大学だけの特別なことなのか、それとも施主への態度として共通するものなのかを確定させるには、さらなる研究が必要だが、筆者は、ヴォーリズの人格からして、あらゆる仕事で基本的な基調としてあったのではないか、と考えている。仕事を超えた親切と親しみが、施主との関係を円滑なものとし施主の満足を高め、多くの仕事に結びついていったのではないだろうか。事実、このようなヴォーリズの手紙はハケット宛に限ったものではないのである。この傾向は、特に国際基督教大学の体制があまり整っていない一方で、国際基督教大学との関係が良好だった初期に見られる。1949年9月26日のディッフェンドーファ宛の手紙を見てみよう。

近江八幡、日本　1949年9月26日

R・E・ディッフェンドーファ博士　日本基督教財団会長
150 五番街　ニューヨーク、N.Y.、U.S.A.

ディッフェンドーファ博士

あなたに転送される、完全なセットを含む進展した設計の図面数セットを、先週、東ヶ崎氏に渡しました。これらには、最初に送ったものに加えるよう、あなたが要請したほとんどのものを含んでいます。しかし、材料と労賃両方とも市場価格が変わっているこの時期においては、将来の建設に関する確固とした見積もりを獲得できないことから、それぞれの建物の余分な費用については準備ができていません。我々は数日のうちに参考用の仮見積もりを送ることができるでしょう。

昨日、我々にとって重要かもしれないことがありました。現在、ニューヨークに在住のルース・スコット・パーシィ夫人がアメリカでの募金活動を手伝ってくれそうだ、と我々は知りました。パーシィ夫人はアメリカにおける大きな金融の仕事にかなりの経験があり、加えて、日本での彼女の仕事はアメリカ陸軍赤十字でした。この後者の経験が、彼女が日米関係に熱心になるきっかけでした。そしてグリュー氏が国際基督教大学の募金活動を指揮しているとニューヨーク・タイムズ紙上で見て、ニューヨークでの仕事を辞め、日本のためのこの運動にフルタイムで参加したいと私に手紙を送ってきました。

この件でもしもあなたがパーシィ夫人に会いたいのでしたら、彼女の現在の住所は：

ルース・スコット・パーシィ夫人
シェイラー・エメリー・ロートン財団、調査部
東70番街216、ニューヨーク21、ニューヨーク州　です。

我々はパーシィ夫人を4年前から知っており、彼女の親友であるケイト・ウィラード・エディ夫人（シャーウッド・エディの義理の姉）とは長年の付き合いがあります。彼女はとても有能で、傑出した管理者およびプロモーターであり、高潔な人格の持ち主であると我々は認識しています。

ごきげんよう。

メレル・ヴォーリズ・ヒトツヤナギ

CC：東ヶ崎氏

P.S. 我々はあなたから、前九州帝国大学教授で現在日本帝国学士院会員である大島博士の、長い研究教職生活の間に形成された1万冊の生物学の蔵書の購入について、承認するかどうか返事をもらっていません。彼が資金を必要としていることから、入手困難なものを含み、すべて価値があるものが市場価格よりかなり安く入手できる可能性があります。

しかし、我々はすぐに行動しないとそれが他のバイヤーに行ってしまうのではないかと恐れています。

この手紙は、前節の8月25日の手紙の次の手紙であり、「WHAT WE ARE PLANNING FOR THE INTERNATIONAL CHRISTIAN UNIVERSITY」と、それにつけられたであろう最初期のキャンパス・マスタープラン案とスケッチの送り状として書かれたものと考えられる（このキャンパス・マスタープランとスケッチは、第6章の図1、2（86頁）を参照のこと）。単なる送り状にとどまらないのがヴォーリズらしいところだ。ここで、ヴォーリズは国際基督教大学計画に熱意をもって協力したいという旧知のパーシィ夫人を紹介している。また、追伸の大島氏の蔵書購入も建築家の業務からかけ離れたものである。この話が出てきた経緯は手紙では確認できないが、その後の1949年10月19日のディッフェンドーファ宛の手紙では、一時的に近江兄弟社で購入してもいいとまで言っていて、1949年10月26日のディッフェンドーファの返信では、購入に対する感謝が示されている。

1951年5月31日の湯浅八郎宛の手紙も単なるビジネス上の手紙を超えた、個人的つながりを感じさせるものだ。

近江八幡、日本　1951年5月31日

湯浅学長

5月19日のあなたのお手紙、ありがとうございます。私はそれを東京で受け取りました。あなたの手紙と、あなたとハケット氏から東京事務所で受け取った他の手紙に出てきた疑問についての作業を行い、私は東ヶ崎氏と原氏と数日をそこで費やしました。

泰山荘の改造に関する仮の見積もり（青焼きは東京からあなたにエアメールでお送りしました）の総額は、あなたと湯浅夫人にもっと快適な仮の家を提供でき、将来は恒久の教員住宅となりえる、新しい小さな教員住宅が建てられるように感じるものとなりました。我々は、それを、1つもしくは2つの寝室を付け加えることによりいつでも簡単に拡張できるように作ることを考えています。

もし、あなたが電報で許可すれば、我々は冬前にそれを完成できるかもしれません。

我々は本館をなるべく早く完成させようと熱意を持って取り組んでおり、最上階を（提案されたように）一時的な教員アパートとして使う可能性について考えています。これは学生の使用よりずっとよい。そして、一時的な不便は、教員に、住宅について、なお一層感謝させることとなるでしょう。

2階に客室を持つ将来の学長宅の青焼きもまた、お送りしました。

ここにいる我々全員は、あなたと湯浅夫人が国際基督教大学のキャンペーンに献身されているという余分な労働に対して、非常に感謝しており、あなた方両人の健康が、今後の長い年月の間、無事に維持されることを、熱心に希望し、祈っています。

鉄の値段は上がり続けています。それゆえ我々は、鉄もしくは銅を必要とする部分について、急ぐ必要があります。ゴムは、ピーク時より少し安くなりました。それゆえ、住宅と本館（もしくは他の建物）の仕切は、今が有利でしょう。利用可能な12万5000ドルは、本館を完成させるために増額する必要があるでしょう。

教員住宅が建てられるまで、あなたと湯浅夫人が武蔵境の私たちの家に住むという提案があります。数人の理事は、一家族のための住宅にするよりも、泰山荘を古い日本形式の迎賓館にすることを望んでいます。もし、あなたが望むならば、我々はそれに同意するつもりです。

本館の進行状況は、励みになるものです。もし12万5000ドルの次の段階の承認が得られなければ、それは、すぐに停止するでしょう。

我々は、我々の大切な皇太后の死に、深く悲しんでいます。マキと私は29日の朝に彼女の宮殿を30分ほど訪問して、棺の前の座敷でしばらく過ごすことができました。彼女が急に死んだという知らせが来た時に、私が九州にいたため、我々はすぐにそこに行くことができませんでした。九州から帰る途中で私が書いた詩のコピーを同封します。手書きのコピーは棺の前に置かれました。

敬具　メレル

もちろん個人的つながりの表明といっても、1935年から37年および1947年から50年まで同志社大学の総長であった湯浅八郎と、同志社大学の校舎の設計を手掛け、カレッジソングの作詞も行ったヴォーリズとの戦前から続く関係を前提としたものであり、それは割り引いて考える必要はある。とはいえ、仕事の手紙に自作の詩を同封するのはヴォーリズだけだろう。現在のところ、この詩が発見されていないのが残念である。また、この手紙は、ヴォーリズと皇室との特別なつながりを確認させるものとなっている。終戦直後にヴォーリズが昭和天皇とマッカーサーの会談の実現に重要な役割を果たし、この会談が天皇の戦争責任回避のきっかけとなったことは知られている［上坂：1986］が、貞明皇太后の死に際して、ヴォーリズと満喜子夫人は特別な応対を受けたことが分かる。ヴォーリズと天皇家のつながりは、終戦直後の会見だけに起因するものではなく、ヴォーリズが軽井沢住まいを余儀なくされ危機にあった、戦時中の近江兄弟社に高松宮が訪問し天皇からの金一封を渡したことや、皇太后の秘書がヴォーリズの旧友であったこと、終戦直後に皇太后から満喜子に冬のスーツと生地を送られたことなど、様々な面に見ることができる。

中段の「鉄の値段は上がり続けています。」という部分は、朝鮮戦争（1950年6月―1953年7月）の勃発による資材の高騰を伝えるものである。朝鮮戦争とそれによる資材インフレは、ちょうどヴォーリズが国際基督教大学に関わった時期に起こり、見積もりの作り直しや、より安価な建築を求められるなど、建築を進めるうえで大きな障害になったのみならず、資金源であったアメリカの寄付活動にも非常な困難をもたらした。かつての中国のように、寄付を行っても日本が共産化しキリスト教が禁止され無に帰すのではないかという予想から、寄付の申し込みがほどんどストップしてしまったのである（アイグルハート：1990：125）。このような状況のもと、ヴォーリズは繰り返し、インフレに関する手紙を送っている。最初のものは、1951年4月18日のハケット宛の手紙で、前年8月から建材の平均価格が2倍になったと報告している。

その次の、キャンパス内の教員住宅が完成するまでの間、近江兄弟社の武蔵境（武蔵境は国際基督教大学キャンパス最寄のJR中央線の駅）の社宅に湯浅を住まわせる提案は、ヴォーリズならではの親切であると言える。実際に湯浅が兄弟社の住宅に住んだのかどうかの記録は残っていないが、このような提案をする建築家は、まずいないだろう。

アメリカとのつながり

ヴォーリズの建築は、アメリカの建築の動向を取り入れていることが強みであり、特徴であった。デザインに関しては、アメリカの建築雑誌や書籍を切り抜いた事務所内のスクラップ・ブックが重要な役割を果たしたことが指摘されている（石田：2008：122）が、今回の資料を見ると、ヴォーリズがアメリカを旅行した際に様々な情報を集めていたことや、友人にアメリカでの動向を調べてもらっていたことが分かる。ヴォーリズがアメリカからハケットに出した手書きの手紙を見てみよう。

Dayton, Ohio　1954年7月26日

ハロルドさま

7月24日のお手紙ありがとうございます。あなたが休暇を取り、気分良く過ごされたと聞いてうれしく思います。

マキと私は、とても暑い気候に耐えていますが元気です。忙しい日々にもかかわらず、我々はいろいろな価値あるデータを集めつつ休暇のように感じています。

先週、我々はコンベンションでオハイオ・ウェスレン大学にいましたが、そこでとても良い女子寮に滞在しました。そこで我々は、詳細を調べました（それを経験もしました）。特にダイニングルームの設備とサービスに感激しました。このダイニングルームは、我々500人の食事を効率的に扱っていました。良いコックが、適度な量のとても良い食事を給仕していました。食事はカフェテリアスタイルで、種類が少なく、経済的で、病的な食欲と食べ物の廃棄を防ぐことができます。日々のヴァリエーションは素晴らしく、様々なものが置かれ、皆が取れるようにしてあり、毎日同じものを取る人もいるようです。皆がこれに好意的なコメントをしています。

部屋はちょっと豪華です。それぞれのユニットに2人部屋が2つあり、その間にトイレがあります。それゆえ4人収容で、共通のトイレや風呂がありません。部分的に仕切られたバスルームには一洗面台一W.C.一シャワーが含まれます。11 ½×14 ½フィートの寝室は2つのベッドのためだけのものです。

この寮には自前のダイニングとキッチンがあり、3階建ての大きな建物に約500人の若い女性を収容することができるようです。床の仕上げは、ホールはI.C.U.と同じく人造大理石仕上げで、部屋と風呂も同じです。（部屋の中央部分だけはラバータイルが張られています。）すべての（ダイニングホールとレセプションルームは除く）天井の高さは8フィートです。たぶん500から600人のダイニングホールは良いユニットかもしれません。必要に応じてユニットを増やす？

私が調べたアメリカ中の多くの建物で、反対側にも開くように、ドアがつるされているものがありました。応接間と寝室のドアには違いがありません。ドアをあけると半分開いたところで入ることができ、ベッドをなにより最初に見ることになります！　プライバシーについては一考の余地があるでしょう。

しかし、一般的に教育用の建物にかなりの進歩を私は見出しました。

リーベ・W・エラセウス博士による「Outwitting your years」の興味深い章を読んでいます。私の大学の時の友達で、食べ物が健康に与える影響の研究で国際的な人物です。彼が私に本を送ってくれ、私はその章のタイプしたコピーを持っていますので1つ同封します。

敬具　メレル

P.S.　コンベンションで私はI.C.U.へのサポートを訴えました。1人の重要な夫人が私のところに来て、彼女が言うには、今年、結構な額の寄付をしたが再び寄付を始めるとのことです。

この手紙は、ヴォーリズのアメリカ旅行の最中に書かれたもので、通常のレターサイズ、レターヘッド付きのタイプライターの手紙とは異なり、B5よりやや小さい紙の両面にびっしりと手書きで書かれている。旅先でさらっと書いたような雰囲気があり、読みにくい部分や、単語を途中まで書いて「×」を書き、新たに単語を書き直した箇所がある。この手紙の前、すなわち7月1日にもまったく同じ形式の手書きの手紙をコロラドからハケットに送っているが、それは、5月11日にサンフランシスコに上陸し、「場所から場所への急ぎの旅を続けて、カリフォルニア、ネバダ、ユタを経て今日コロラドのグランドジャンクションのそばのこの小さな町に着きました。」という書き出しから始まっていて、ヴォーリズは約3か月近く日本を離れていたことが分かる（日本への帰国日時が不明なので、3か月以上なのかもしれない）。この7月1日の手紙では、友人たちを訪ねる一方で国際基督教大学のためのデータも集めているとし、満喜子夫人の大学時代のクラスメイトの息子を頼ってカリフォルニア大学の最も新しい寮を訪れ、寝室の寸法等を伝えている。このように、ヴォーリズの長期のアメリカ旅行は、最新の建築を実際に見るという機会でもあったことが分かる。そして、自分の状況を交えつつ、手書きで旅行中に気軽に知らせるというのがヴォーリズらしい。これは、ある面、自分はアメリカの最新の建築事情を知っているという営業の面もあろうし、長期間、日本を離れていることへの理解を求める面もあっただろう。ヴォーリズは数年に一度は、このようにアメリカの各地を回り、コンベンション等に参加する旅行をしていたと考えられる。それは、メンソレータムのライセンスや、近江兄弟社の幼稚園の園舎を寄贈したA・A・ハイド氏（Albert Alexander Hyde　1845-1935）との出会いのように、アメリカで支援者を獲得するという面もあった（奥村：1983：114-115）。

また、最後の部分の、読んでいる本のコピーを同封することや、コンベンションで国際基督教大学へのサポートを訴えたという部分もヴォーリズらしいところである。
次に、1950年6月22日にレスター・チェーピン宛で出された手紙を見てみよう。

近江八幡、日本　1950年6月22日

L・G・チェーピン様
27　ルーズベルト通り　ボールドウィン・L・I
N.Y. U.S.A.

レスター様

私はちょうど、化学実験室の、空気よりも重い刺激性ガスに関して、そしてそれらを排出する方法についてブルックリン大学のマーティン教授に手紙を書いているところです。I.C.U.のために、この問題に関してあなたの時間を少し、あてにできるかもしれないと思いつきました。あなたに仮プランのセットを送るので、もし可能ならばマーティン教授とそれらに関して議論をしてもらい、さらに、屋根の上のダクトやフード、排気パイプの処置等のディティールスケッチをしてもらってもよいかもしれません。我々が望んでいたフルタイムの代わりに、我々はあなたからパートタイムの助けを得られたらと思っています。

もちろん、この時間をI.C.U.財団に請求することができますから、あなたにとってすべてがチャリティというわけではありません。

（材質と要求される厚さを知るために）刺激性ガスのフードとダクトに使うアルバリーン石やトランセイトの小さなサンプルを手に入れたいと、私はマーティン教授に提案しています。もし、あなたがこれらの断片を小包で我々に送ってくれたら、とても助けになります。

湯浅博士が最近のアメリカ旅行から帰ってくる前に、我々はどれぐらいの早さでどれぐらいまで進めることができるかを知ることができません。しかし、我々はすぐに実際の工事を始めなくてはなりません。多くの建物の計画と仕様が進行しています。化学に関することが最も大きな問題であり、最も複雑で、そして最も費用がかかることは疑いありません。我々はそのなかでどんな間違いも避けるよう切望しています。それゆえ、あなたが集めるディティールは非常に感謝されるものです。我々は兄弟社の仕事に関して、たくさんのニュースがありますが、報告する時間が十分にありません。午後5時45分なのに私はまだ事務所にいます。

みなさんによろしくお伝えください。

敬具　メレル

レスター・チェーピン（Lester Grover Chapin）は、1910年にヴォーリズが近江八幡に最初に設立した会社、ヴォーリズ合名会社の出資者の一人であった。他の出資者はヴォーリズとヴォーリズの滋賀県立八幡商業学校時代の教え子である吉田悦蔵である。チェーピンは、コーネル大学建築科卒で、ヴォーリズ自身も所属し来日のきっかけとなった海外伝道学生奉仕団（Student Volunteer Movement for Foreign Mission, S. V. M.）に所属していた。1910年にヴォーリズが一緒に建築の仕事をしてくれる専門家を探して帰米した際に知り合い、来日、一緒に会社を設立したのである（奥村：1983：116）。チェーピンは1913年にアメリカに帰国しているが、それから40年の時を経ても、チェーピンとの仕事上の付き合いが続いていたというのは驚きであり、人付き合いを大事にするヴォーリズらしいところである。そして、チェーピンを通じて、時々、アメリカの建築の状況を調べていたことがうかがえる。また、アメリカの大学の教授に、理系の実験を行う建物の排気の仕方のような、専門的な知識を問い合わせていることも分かる。

国際基督教大学の理学科のための実験が行える専用の建物（理学館）は、ヴォーリズが主任建築家に就任直後から計画され新築のみならず中島飛行機時代の元工場の建物を改装するアイディア等、いくつかの案が検討されたが、資金の問題からか実現せず、この間の見積もりの作成等の仕事が生きることはなかった。結局、1966年に3人目の主任建築家である稲冨昭の設計により、ようやく完成した。

クレームへの対処

施主からのクレームのように対応が難しい状況は、その人の個性をより際立たせる。1955年7月30日のハケット宛の手紙を見てみよう。

軽井沢、1955年7月30日

ハロルド W・ハケット様
財務副学長 国際基督教大学
三鷹、東京

ハロルドさま
ここ4、5日、列車やバスに乗って移動していたので、手紙を書けず、あなたの7月25日の手紙はここで私を待っていました。しかし、本館に縞模様がつく問題に関連した細部を書き留めていましたので、軽井沢に到着して返事ができるようにしていました。
縞の原因は、風の強い乾燥した天気の時に、外壁の最上部近くにある小さな突起の上に埃が溜まり、それが雨により壁を伝っていくことです。
設計時の私の個人的希望は、この小さな突起を無くすことでした。しかし、すべてではないにしても、多くの建築の学校で教える一般的な慣行は、そのような突起や飾りがないうちは外壁のパラペットは未完成であるということです。また、相談された人々の多くは、大学のキャンパスにおいて、3階の高さの2インチの突起にまで到達するような埃があるとは感じていなかったことでしょう。

解決策として、2、3の方法があります。

1）最も単純なのは、砂嵐の後でまだ埃が乾いている間に、突起から埃をブラシで払い落とすことを担当する管理人（もしくは学生アルバイト）でしょう。これは、短い柄のついたブラシでとても簡単にでき、突起は壁上端から8寸（10インチ）下にあるだけなので、屋上から届きます。

日本の宿屋で女中が使うはたき――竹の柄の先に短い布片がついたブラシ――でも落とすことができるでしょう。

2）最も複雑な方法は、セメントか、適切な形のタイル、あるいは特別にデザインされたテラコッタのタイルで突起を埋めてしまうことです。しかしこれは、材料よりも工賃で高額になると推測されます。

街の煤と埃で、縞になった多くの壁の例をそここで見ることができます。そして人々は、それを見慣れているようです。しかし、私はそれを見るのが好きではなく、I.C.U.ではそれを無くしたいと願っています。

次に私がそこへ行った時、もしくはもしあなたが望むならそれより前に、いくつかの可能な方法の見積もりを持っていきます。もし細心の注意を伴った工事が行われないなら、問題が良くなるよりも悪くなり、大きな支出となるかもしれません。

（イラスト）

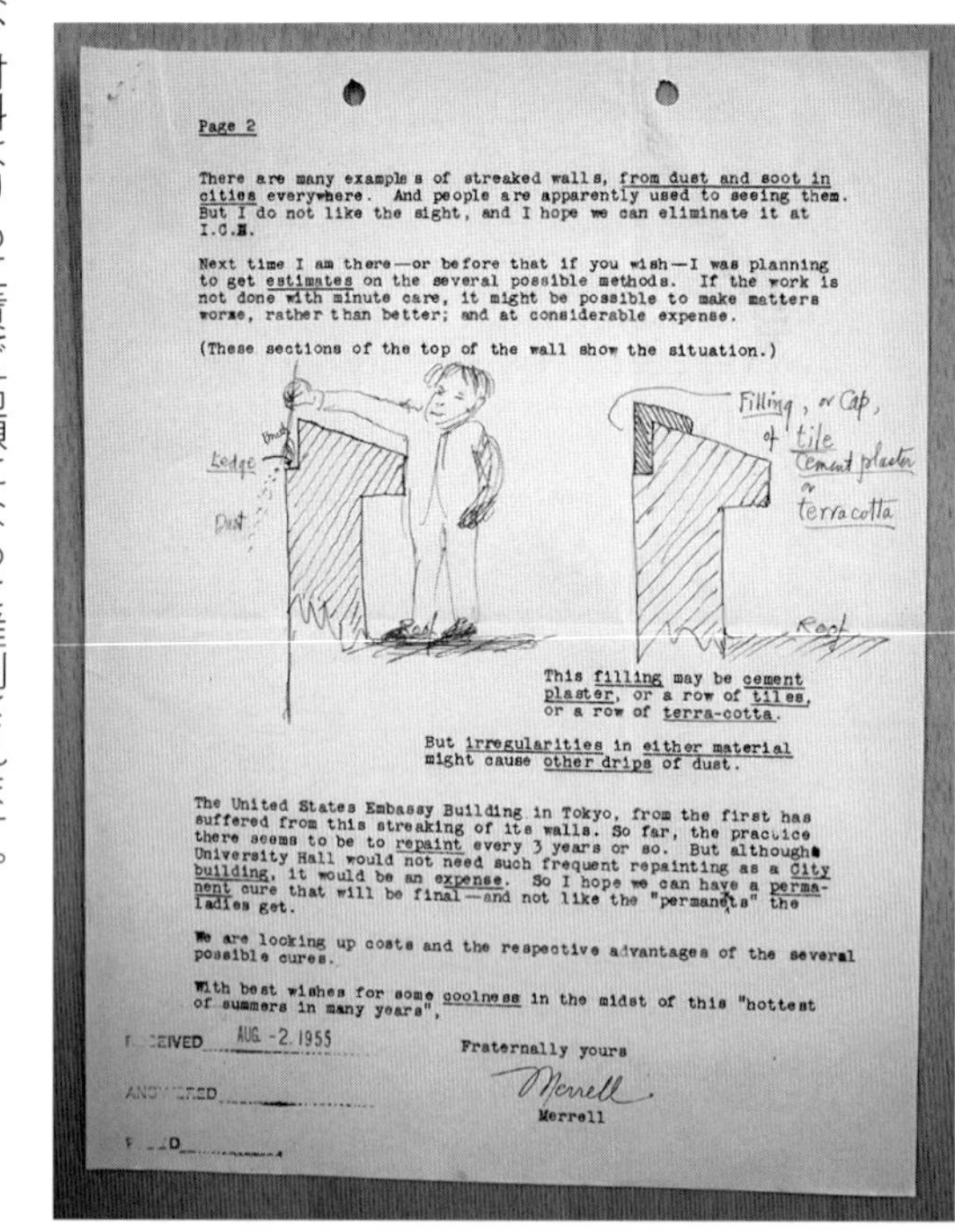

Page 2

There are many examples of streaked walls, from dust and soot in cities everywhere. And people are apparently used to seeing them. But I do not like the sight, and I hope we can eliminate it at I.C.U.

Next time I am there—or before that if you wish—I was planning to get estimates on the several possible methods. If the work is not done with minute care, it might be possible to make matters worse, rather than better; and at considerable expense.

(These sections of the top of the wall show the situation.)

This filling may be cement plaster, or a row of tiles, or a row of terra-cotta.

But irregularities in either material might cause other drips of dust.

The United States Embassy Building in Tokyo, from the first has suffered from this streaking of its walls. So far, the practice there seems to be to repaint every 3 years or so. But although University Hall would not need such frequent repainting as a City building, it would be an expense. So I hope we can have a permanent cure that will be final—and not like the "permanents" the ladies get.

We are looking up costs and the respective advantages of the several possible cures.

With best wishes for some coolness in the midst of this "hottest of summers in many years",

Fraternally yours

Merrell

Merrell

RECEIVED AUG. -2. 1955

ANSWERED

FILED

図2　1954年7月26日のヴォーリズからハケットへの手紙、2ページ目

東京のアメリカ大使館の建物は最初からこの壁の縞模様に苦慮してきました。今のところ、3年おきぐらいに塗りなおしているようです。しかし本館は、市街地の建物のようにしょっちゅう修理する必要はないはずで、もしそうならばお金がかかります。それゆえ、女性がするパーマネントではなく、最終的な解決となるパーマネントな対策ができるようにしましょう。

我々は、いくつかの対策の費用とそれぞれの利点を調べます。ここ数年で最も暑い夏の中に多少の涼しさがあるように祈っています。

敬具　メレル

この手紙は、石田（2008）に、最後の部分のパーマネントをかけたしゃれがヴォーリズらしいということで紹介されている。石田が言及したものはヴォーリズ側で所蔵している手書きの草稿で、今回取り上げた国際基督教大学所蔵のものは、タイプライターでレターヘッド付きの紙に清書したものである。何より目を引くのは、2ページ目に大きく描かれた2つのイラストで、特に左側の人が埃を落としているイラストは、どことなくヴォーリズに似て、微笑ましい。

この手紙はイラストや最後のしゃれも含めて、全体にユーモラスだ。最後に永続的な解決策を見出した方がよいと言っているので、解決策の第一として示されている、人が土埃を掃くという案自体も冗談のように感じられ、だからこそ、そのイラストを付けたのかもしれない。はたきの部分も、dusters used by maids in a Japanese yadoya という書き方となっている。もちろん、このような冗談を交えたクレームへの対処は、ハケットとの信頼関係を前提としていることは間違いないが、しゃれやユーモアで人を和ますのが好きだったヴォーリズらしさを感じさせる部分だ。だが、もちろんヴォーリズのクレームへの対処は、このようなものばかりではない。むしろ、これから言及する深刻な問題の後だったからこそ、ハケットを和ませようとしたのかもしれない。1955年2月11日の湯浅八郎宛の手紙を見てみよう。

1955年2月11日

湯浅八郎学長

国際基督教大学
武蔵野市、東京

湯浅博士

昨日あなたが私に報告した問題についての、私の深い憂慮を表明し損ないました。47年の実務のなかで我々はこのような経験をしたことがありません。そしてI.C.U.の現場に我々が駐在させた全員が十分な経験と、この国の4、5社の一流企業の工事を監督し、日本の様々な場所の重要な仕事における素晴らしい実績があります。

我々は1つの仕事を除いて大成社（以前の大倉社）と仕事をした経験がありません。その仕事で彼らは我々の設計図と仕様を建築しただけでなく、実は仕様にはない豪華なものを付け加えました。しかし、その仕事はその時の彼らの社長のための大きく高価な住宅でした。

我々は本当に協力を期待していました。しかし、多くの彼らの顧客のために仕様と計画を実際に建設する際に、作業員を怒らせているのではないかと私は思っています。確かに藤井氏自身は協力しようとしていると私は信じています。しかし、作業者は善意を見せていません。

我々は即時の変更を行い、作業員を監督でき、教員ともっと協力できて、実務英語の能力が高い現場監理の長を置く準備をしています。

礼拝堂の音響は修正することができます。私が昨日言ったように、最終的にそれはなされなければならないことは、最初に理解されていました。信者席の完成を前に手を入れることが少ないほど、経済的であろうと私は感じていたので、そのことをハケット氏に提案しました。

しかし、（筆者注：礼拝堂の）延長が遅れるようであれば、費用にかかわらず、対策がなされなければなりません。

側廊（筆者注：信者席側面の通廊）を厚いマットか詰め物の入った帆布で覆い、柔らかいクッション付きの座席にすればまったく違うでしょう。そして、もし、窓と窓の間の壁にカーテンを吊せば、それも助けになるでしょう。もちろん天井には裏に吸収層を持つ穴あき繊維板（テックス）が必要です。しかし、信者席が延長され、詰め物の量はもっと少なくて済むことを私は望んでいます。

往々にして最良の理論的手段は問題の完全な解決に失敗します。それゆえ、恒久の素材に多くの投資をする前に実験を行うことを私は好みます。しかし、もし教授会と理事会が違った手順を望むなら我々は従います。

最近起こった不幸な失敗によって、あなたに苦労と心配を掛けたことは心から遺憾であり、それらを直すために可能なことを何でもしたいと言った時、あなたが私を信じてくれるよう望んでいます。もし、辞任が事態を好転させるなら、それは簡単であるように思えます。しかし、私の良心が逃走は解決法ではない、すべての問題が解決されるまで留まれ、と主張しています。

慎ましい後悔と同情、固い忠誠を思い出して。

敬具

メレル・ヒトツヤナギ

批判があった次の日にすぐに手紙を送っているのは、さすが一流のビジネスマンというところだ。問題とは、信者席に人が少ないと反響がひどく説教等が聞き取れないというもので、今回の資料では、礼拝堂※8の完成から3か月後の、1954年8月18日付けの国際基督教大学とヴォーリズ社の会議メモが初出となる。今回の研究では範囲外としたが、湯浅八郎が所蔵していた資料の一部を見ると、1954年1月にヴォーリズ事務所から依頼を受けた東京大学教授小林陽太郎が改修計画を立て、その報告を書いているので、完成以前から問題は把握されていたと言える。この時期、国際基督教大学とのやり取りは、主にキャンパスの常駐社員である原仙太郎が行っていたが、会議に参加したヴォーリズ社

※8　上記手紙でヴォーリズは「church」の語を用いているが、本章の用語の統一および国際基督教大学における慣例に基づき、教会の建物には「礼拝堂」の語を用いる。

幹部の小川は、8月24日に、補足の手紙と一緒に会議メモをヴォーリズに送っている。その中で小川は、小林のプランに基づき、信者席の両脇の壁、2階席の壁、2階席の下の壁などに吸音しっくいを塗る対策を行うとした。それが、半年後にヴォーリズ自身のさらなる謝罪に追い込まれたということは、この対策では問題の解決に至らなかったということを示している。さらに、この手紙の1か月後の3月3日に、女子寮で暖房用配管を溶接中に小爆発が起こり、原が事故報告書を書く事態となった。

礼拝堂の問題には、いくつかの要因が絡み合っている。第一に、当初の礼拝堂のプランは、現在の礼拝堂の2倍の長さのものであり、それが資金の都合上、東側の2分の1だけが建てられたということだ。ヴォーリズ側の基本的な主張は、当初の計画通りの長さで音響は最適になるように設計されているというもので、手紙の第五段落目、六段落目はその意味である。文書では確認できないので時期は不明だが、少なくとも礼拝堂の西の隣

図3　1955年時点でのD館レイアウトプラン

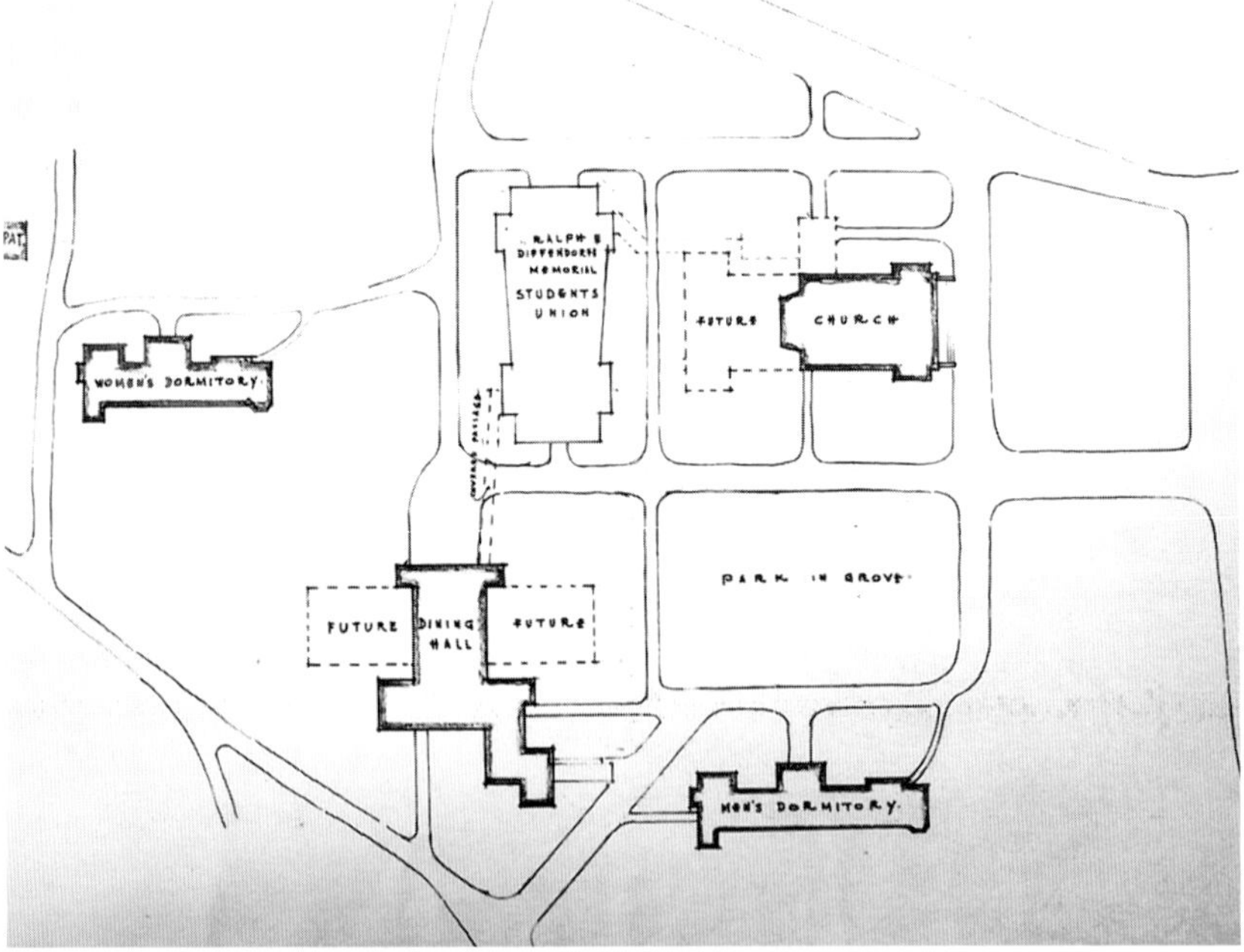

礼拝堂（CHURCHと書かれた部分）の西側にFutureという文字と破線が見える。現在のD館は、その一部がこのFuture部分に建てられている。（提供：国際基督教大学歴史資料室）

接した位置にD館を計画した時点で残りの2分の1を建てる計画はなくなり、この後も音響の問題を解決することができず、これが後年のレーモンドによる礼拝堂の大規模改修につながっていく。

第二に担当や駐在社員の問題がある。ハケットは、担当を早い時期からアメリカで教育を受けた英語のできる人物にしてほしい、具体的にはヴォーリズ自身もしくは村田か小川にしてほしいという手紙を出している（1951年2月1日、ヴォーリズ宛の手紙）。英語で業務を進めるプロジェクトの中にあって原は1通も英語の書類を残していない。ハケットが数多くのメモを作成したのも、駐在社員の英語力を考慮したためであったのかもしれない。手紙の第一段落と第四段落はそのような状況に対応したものである。その後も、なかなか原の後任は見つからなかったようで、駐在社員が柿元と稲冨に交代したのは結局、1年後の1956年1月となった（1956年1月31日のヴォーリズからハケットへの手紙）。その分、1954年は2点だったヴォーリズとハケットのやり取りは、1955年には7点に増加している。その中には、「すこし前、私は原さんに国際基督教大学教会で使う現実的で適切な聖餐式用のテーブルの図面を依頼しました。これは教会の礼拝委員会の緊急の要求です。今のところ、図面を受け取っていません。もしこれが、近江八幡でなされるべきなら、主要な仕事が遠くで行われる建築事務所と仕事をすることに伴う困難さの例と考えられます。」（1955年11月22日のハケットからヴォーリズへの手紙）という手紙が含まれ、1955年の後半からハケットの出す手紙の宛名も、W. M. Vories and Company Attention: Dr. Merell Vories Hitotsuyanagi, Ms. Juzo Ogawaという形式に変化する。とはいえ、1956年2月2日に柿元がヴォーリズに送った手紙では、ハケットは近江兄弟社に好意的な数少ない人の一人だとも書かれている。

第三に大成社（大成建設）との関係がある。湯浅は礼拝堂の問題が明らかになった後、2月15日と5月25日の2回、大成の現場責任者であった藤井とヴォーリズ事務所の原（原は最初の1回のみ参加）に聞き取りを行っている。そこで、藤井は設計を担当するヴォーリズ社と設備を担当するテーテンス社が分かれていることや、指示が遅いことを指摘し、礼拝堂の問題も何度かヴォーリズ側に指摘したが、予算がなく凝ったことはできない、神戸（女学院）で成功した施工法で信徒席が満員なら問題ないと告げられたと主張した。原は、細部は指示がなくともできるレベルで、大成の仕上げは不備が多く再補修が多い、現場主任が少ないなどと主張した。個人的には、原がもっと適切な反論をしていたなら事態はまた違った方向に行ったかもしれないとも感じるが、結局、国際基督教大学側は、全面的にヴォーリズ側の責任であるとし、礼拝堂の補修はヴォーリズ側の資金で行うことを8月の会議で伝えている。手紙の第二段落目、三段落目はこれに対応したものである。

結局、この礼拝堂の音響問題が転機となり、ヴォーリズと国際基督教大学の関係は大きく変わることとなる。

ヴォーリズ、最後の手紙

1956年の夏ごろ、国際基督教大学は主任建築家制度をやめ、個別の建物ごとに建築家を選ぶ方法を採用した。これは、ヴォーリズが国際基督教大学の建物を継続して担当しなくなったことを意味する。これに対して、ヴォーリズは自社が主任建築家であり続けるべきだとして学長、財務担当副学長、建物委員会メンバーへ送るメモを作成し、このメモを送るべきか否かを相談する手紙を1956年9月29日にハケットに送っている。ハケットとの信頼関係ゆえのことだろう。この手紙に同封されたメモには、ヴォーリズが考える仕事上の大事な点、強みが明確に示されている。

学長、財務担当副学長、

I.C.U.建物委員会のメンバー

各位

I．C．U．の新しい建物の監理と設計を数人の建築家に分担させることを考えているという噂を聞いて、我々は現在の建築会社を使い続けるべき理由を以下に示します。

1）ヴォーリズ建築事務所は20人以上の建築家で構成されています。これは、あらゆる年齢の、日本中だけでなくアメリカとヨーロッパで訓練をし、経験を積み、旅行をし、様々な教育機関で教育を受けた、＋－25人の建築家のサービスをクライアントは受けるということを意味しています。したがって、クラシカル、現代、近代のスタイルとその設備に知見と経験があります。

2）我々のスタッフは全員クリスチャンで、この仕事のあらゆる段階でキリストの習慣を広げています。我々は完璧ではない、しかし理想と努力が違いを生み出します。これは自然な結果です。もしそうでないならば、つまり、もしキリスト教が知識や効率、仕事への情熱（個人の人格も）を増やさないのであれば、なぜ我々はキリスト教大学の建設のために働かなければならないのでしょうか？

3）我々は、米、仏、伊、独、北欧から取り寄せた、海外で建てられた最良の建物のイラストと情報が載っている刊行物や本の蔵書を持っています。

4）わが社のなかでは、1人の建築家が単独でプランを作成し、建物計画を進めることはありません。デザインと細部は我々全員の経験により批判され変更されます。これは、あらゆる種類の間違いや、計算違いの可能性を大いに減らし、その良い面では、それぞれのプロジェクトにおける様々な可能性を集めることができます。

5）我々の建物は、地震、火災、2度の戦争の爆撃に耐えてきました。（火災の場合でも骨格が使われ、木造部分は復元されました。）

6）同じキャンパスでそれぞれの建物をそれぞれ別の建築家に依頼することは、同じ患者に医者を週ごとに変えるのと似ています。

正しい治療法は、経験と良い評判の医者を選び、その医者にすべてを任せることです。もし、複雑な事態が起こり専門家に相談する必要がある場合、この医者は1人もしくはそれ以上の人に声をかけることがあるでしょう。しかし、患者の家族は他の医者に声をかけることはないし、最初から患者を診ている医者を遠ざけることはありません。建築家の場合、専門的な工事の場合、工学的な問題に関しては内藤博士、熱および空調の問題に関してはテーテンス氏、そして建築家が慣れているべき通常の業務以外ではほかの専門家に相談するのが我々の通常の習慣です。

敬具

メレル・ヒトツヤナギ

このメモを見れば、ヴォーリズは、自社の強みを事務所の組織的な働き、キリスト教、外国の資料、専門家とのネットワークにあると考えていたことが分かる。キリスト教に関しては、ずいぶんとプラグマティックなのが興味深い。また、医者のたとえ話もヴォーリズらしい。しかし、このメモが学長などに送られることはなかった。1956年10月2日付けの手紙でハケットは、すでに決定され知らせたことであり覆ることはないと返事をしている。これに対して、ヴォーリズは以下のような返事を出している。

1956年10月4日

ハロルドさま

I. C. U. の建物に関する設計サービスの新しい合意に関する、あなたの10月2日の手紙に感謝します。

私が理事会と建物委員会に提案した手紙を、あなたが送らなかったことはまったく正しいと思います。私がその手紙を書いた時、新しい合意がすでに決定されていたとは知りませんでした。

NYの財団のために作った準備段階のスケッチとプランの代金は、1950年にNYで支払われています。それゆえ、さらなる支払いは必要ありません。

これまで体育館のために作ったスケッチに関しては、ほかの建築家に委託すると決定されたことから、我々がこれまで作ったすべての準備段階のプランを我々の東京支店にご返却ください。「計画が実行されようと放棄されようと、すべての場合において、図面、仕様書、詳細図はサービスの手段であり、建築家の所有物であること」とされています。新しい合意により我々のI.C.U.への関心が減少することはありませんし、我々はI.C.U.のさらなる成功を祈り続けています。

我々は、将来の建物の監理に関して、一つの具体的な希望があります。それは、すべての建築家が、クリスチャンかどうかにかかわらず、工員に日曜の休息を順守するかどうかです。

多くの場合、これは大学によって強制されるべきで、そうでなければ、建設会社はそれを順守することはないでしょう。もしキリスト教の大学が、我々が50年にわたり確立しようとしてきたこの原理を投げ出すことを認めるならば、我々は大きな後悔をもたらすでしょう。

2つの寮をできるだけ早く完成させ、ディッフェンドーファ記念館の建設中に、我々の現場監督をキャンパスから引き上げるのが理事会の希望だと推測します。

次回、私が東京にいる時に、この件について合意できればと思います。

キャンパスの将来の開発への我々の願いと、緊急の事態が起こった場合は助けにくることをご確信ください。

敬具

メレル・ヴォーリズ・ヒトツヤナギ

ヴォーリズ建築事務所

今回の資料のなかでは、これが最後のヴォーリズ本人の手紙となる。言及されているようにこの時点で国際基督教大学に残っていた仕事は第二男子寮・第二女子寮とD館だが、寮はすでに工事の後半で完成が近く、D館については東京事務所が担当していたため、これ以降、少なくとも資料の上では※9ヴォーリズ本人の関与はなくなり、以後は社員が国際基督教大学とのやり取りをするようになる。このような手紙でも工員に日曜日の休みを与えることを主張しているのは、まことにヴォーリズらしい。実際、ヴォーリズはどんなに忙しくても日曜日に仕事をしてはいけないと言い、国際基督教大学の現場では日曜日に職人を集めて野外で伝道集会を行っていた（藤井：１９９９：27）という背景を知るとこの部分もより理解できよう。

ヴォーリズの夢は実現したのか

国際基督教大学プロジェクトにおけるヴォーリズの夢は、２つの面があったと考えられる。一方は、国際基督教大学という新しい大学を成立させること自体であり、他方は、かつての関西学院や神戸女学院のように美しいキャンパスを一から創造することである。

最初の夢は、国際基督教大学は、ヴォーリズや多くの宣教師たちが明治時代に始めた日本におけるキリスト教教育を完成させる、頂点のピースとなるはずのもので、日米の和解の象徴でもあったことからヴォーリズにとって思い入れの深いものであった。アメリカでの募金の不調などにより、開学が１９５１年春から52年春に延期されるなど困難にあった時、ヴォーリズはＪＩＣＵＦの２代目会長であるジョン・コベントリー・スミスに国際基督教大学計画の日本における重要性を伝える手紙を送っている。

※9　１９５７年１月17日に国際基督教大学に行きハケットに会う予定であるとの社員による手紙があり、その後も打合せを行うことはあったようである。

82号室、教文館、銀座四丁目、東京、日本　1951年5月28日

ジョン・コベントリー・スミス師、神学博士
JICUF理事長
44番地　東23番通り、ニューヨーク10、ニューヨーク

本日、私は東ヶ崎氏とI.C.U.計画に関して会議を行いました。I.C.U.プロジェクトは、やがて（そして遅すぎず）実現する限り、我々は遅れや困難のために落胆していません。しかし、我々2人は、もし、このプロジェクトがこの国の期待している人々を失望させるようならば、日本のプロテスタント・キリスト教にとって悲劇となるだろう、と合意しました。

これは宗派的な問題ではありません。日本国民が聖霊の直接の導きに接することができるか、それとも多くが導きをローマに頼るかどうか、という重大な問題なのです。

この面に関して、現在の状況は、危機的です。私は国中を広く旅しなければなりませんが、すべての方向に於いて、同じ状況です。すなわち大きなカソリックの教会、戦略拠点にカソリックの学校と大学が計画され、すでに建設中となっています。

一般大衆は、状況を注視しています。（広々とした土地を持つ1つの巨大なカソリックの教会と、狭い敷地にひしめきあっている5、6軒のマッチ箱のようなプロテスタントの教会もしくは集会室。彼らは、真実の教会が一つだけある――それはローマ所有である――そして、これらすべての小さなモノは単なる分裂であり、間違った人間の模倣だというプロパガンダを信じるように、ほとんど強要されています。）

自然に、彼らは子どもを、大聖堂のようなローマの教会の大きな日曜学校に送ることになり、十分なもしくは恒久の精神的リーダーシップの保証を与えない、小さな、バラックのような建物から遠ざかることになります。

我々は光を持っていますが、それは、大きなかごですらない、小さなカップの下に隠れがちであるように見えます。

I.C.U.は、プロテスタント連合の十分な実証を示す、戦略的機会です。もし我々がこれに失敗したならば、未来はとても暗いものに見えます。

現在、日本で運営中の宗派の学校や大学に、I．C．U．がそれらの威信や支持母体からの資金を減らすという考えを、持たせないでください。最終的な結果はまったく反対であるべきです。それはプロテスタント伝道の努力のみならず、日本にあるすべてのキリスト教教育の威信を高めるでしょう。そして、それはすべてのキリスト教高校の卒業生に海外に行った場合と同じ大学教育に進学できるという前途を提供し、すべてのキリスト教大学の卒業生に、日本国内での、キリスト教の援助に基づいた、海外での教育に等しい、大学院教育の可能性を与えるものです。

今、このI．C．U．計画が倒れることは、――非キリスト教徒の日本人が素晴らしい土地を確保するために資金を献身的に寄付した後では――、日本人から見ると、アメリカのキリスト教徒とプロテスタント・キリスト教の面目を失わせるものとなるでしょう。

私たちの世代を取り戻すにはあまりにも大きな悲劇になるかもしれませんが、一方でこのプロジェクトの実現はすべてのプロテスタントの影響力を高めるものです。

敬具

メレル・ヴォーリズ・ヒトツヤナギ

当初の計画が十全に実現されたわけではないが、曲がりなりにも国際基督教大学が設立され現在まで続いていることで第一の夢は実現したと言えよう。しかし、そのために、第二の夢である、かつて手掛けたような素晴らしい建物や、それを実現するヴォーリズ社の仕事を犠牲にせざるを得なかったと言える。建築のプロジェクトとして見ると、国際基督教大学のプロジェクトは多くの困難を伴うものであった。第一に、設計しつつ同時にその資金をアメリカの募金で賄うというやり方は、募金のためのスケッチや見積もりが早くから求められる一方で、募金の進展状況によりそれらのやり直しが何回も求められるものとなった。その一方で、開学前後の時期は施設自体が不足しており、大口の募金が急遽あった場合は、短期間で設計し完成させることが求められた。第二に、インフレーションや募金の不調から、常に安い建物への要求があった。その状況下で、中島飛行機時代の建物が残存していたことも業務を複雑にした。より安価なものを求めるなかで中島の格納庫や木工場を、体育館や理学館などの建物に改造するという案が出て、建物の調査や見積もり、図面の作成業務を行ったものの、結局実現せず、改めて新築を模索することとなっている。第三に、これまで見たように、募金・資金に関してはNYのJICUF、実際の設計に関しては三鷹の国際基督教大学幹部という分散したコミュニケーションが必要だったこともある。第四に、そもそも建設を行う上で戦後の混乱があったことも指摘できる。ヴォーリズは1950年6月14日のハケット宛の手紙で以下のように書いている。「我々は戦争以来――特に日本においては――新しい世界と取引しているということを頻繁に思い出しています。／最良の建設会社が、どんな値段でも、よく寝かした材木やその他の様々な材料が得られなくなっており（不定期、闇市以外では）、非常に時間がかかるか、質がとても悪いかです。」最後に、この時期、ヴォーリズやヴォーリズを長年支えた村田をはじめとする幹部社員は老齢であって、一人、また一人と病を得て業務ができなくなっていたということもあろう。

このような困難のなかで、ヴォーリズは、ヴォーリズらしく誠実に仕事に取り組み、できる範囲内で最良の建物を残したと言える。ヴォーリズが設計した建物は、どれも堅実で、スペースや作りにゆとりがあったため、大きな不具合もなく長年使い続けられた。間違いなく、ヴォーリズの建物は長年にわたって国際基督教大学という大学を支え続けたのである。筆者は、2016年3月にヴォーリズ設計の教員住宅を見学する機会を得た。風が通らず湿気が多くなりがちで、落ち葉が雨どい等にたまるなど、家が傷みやすい森のなかに六〇余年あり、かつ最近3年は空き家であったにもかかわらず、建具もしっかりしていて、どこも床鳴りがしないことに驚愕した。改めて、ヴォーリズの確かな設計と厳しい監理により、非常に高い質の住宅が建てられていたことを再確認した。

確かに国際基督教大学のヴォーリズ建築は質素で意匠に見るべきものがなく、一見すれば、ヴォーリズの建物とは見えないかもしれない。しかし、様々な制約のなかでヴォーリズが何を重視したかを示す、そして、それはヴォーリズという人そのものを表す、実にヴォーリズらしい建物なのである。

おわりに

本書は、2006年10月から2013年3月までの約7年間、14回にわたり国際基督教大学同窓会の会報『Alumni News』に連載した「ICUキャンパス物語」に加筆・修正を加え、一般向けの単行本にしたものである。また本の最後には補章として『建築家ヴォーリズの「夢」戦後民主主義・大学・キャンパス』[高澤・山﨑：2019]に向けて書いた「ヴォーリズの手紙」に加筆したものを付けた。

筆者が国際基督教大学のキャンパスの研究を始めたのは、本当にひょんなことからである。著者のキャレル（図書館内の勉強机）は建築の本棚の横にあった。筆者が国際基督教大学大学院の行政学研究科修士課程に在学していた1996年のことで、勉強に疲れると、すぐ横の建築の棚の本をよく見ていた。ある天気の良い日に、ふと『一粒社ヴォーリズ建築事務所作品集』という写真集のような本を手に取って、ぱらぱらと見てみた。すると、趣ある洋館と並んで、見慣れた国際基督教大学の本館が写っていたのである。あ、これだったのか、と思った。以前からキャンパスや建物に対して、どこか日本的でない感じ、どこか変わっているという違和感に似た感覚をうっすらと抱えていたのだが、その感覚が正しかったこと、そしてなぜそう感じたのか、分かったような気がしたのである。それから同じ棚にあったヴォーリズに関連した書籍を読んでみたが、これがどれも面白い。当時、大学内では誰もヴォーリズのことは知らなかったし、それぞれの建物の由来を耳にすることもなかった。ゆえに、まったくそうとは知らずにヴォーリズが設計した建物（第二男子寮）に実際に住み、使ってきたという自分自身の体験を改めて振り返り、その人柄と人生が国際基督教大学の建物に表れていることに確信のようなものを感じたのである。

そこで、時間が取れるようになった1997年末から本格的に（しかし本業と関係のない趣味として）ヴォーリズと国際基督教大学の関わりについて調べ始めたが、資料がまったくなかった。ヴォーリズ研究の第一人者である山形政昭先生の文献にも国際基督教大学の建物についての言及はないのである。ある日、意を決して一粒社ヴォーリズ社に電話をしてみると、拍子抜けするほど親切で、会っていただけることになった。その時にお会いしたのが、片桐郁夫東京所長（当時）と佐藤良一東京副所長（当時）である。お二人（特に片桐所長）は、ヴォーリズが国際基督教大学の主任建築家になった経緯、いかに国際基督教大学計画に熱意を持って取り組んでいたか、主任建築家を辞めた経緯などを語られた。そして、I.C.U.と書かれたA4の茶封筒に入った、当時の大学とのやり取りをした手紙を見せていただいたのみならず、その封筒ごと、初めて会ったばかりの筆者に快く貸してくれたのである！　これには本当に感激したし、その明るく親切な態度にヴォーリズの作った会社であることを改めて感じたのであった。

手紙を持ち帰って、読んでみると、これは大変なもので、しかも誰も知らない資料であることを確信した。そして、一粒社ヴォーリズに返却する際に、少しでも役立つようにと、すべて日本語訳することにした。これは大変だったが、楽しい作業だった。詩的で明るく、時にユーモアがあるヴォーリズの手紙を読んでいると、ヴォーリズという人間に少し触れているような気がしたのだ。

こうして、まずヴォーリズをきっかけに、国際基督教大学のキャンパスの歴史について調べるようになると、次々と出てくる人物と出来事にさらに驚かされることとなった。ライトの弟子として来日し日本でモダニズム建築を作りあげたレーモンドと国際基督教大学との関係、中島知久平と中島飛行機、泰山荘と幕末の北方探検家であった松浦武四郎の関係、稲冨昭と大学のドラマ、独特の作風の前川國男の最晩年の作品など、興味深い発見の数々に興奮を抑えられなかった。そして、その過程で様々な人々に会い、話を聞いたことは、どれも本当に得難い体験となった。

２０００年代前半にはある程度、研究がまとまったものの、筆者の説明が不十分だった面もあり、なかなかこの面白さやその歴史的な意義をほかの人に理解してもらえず、研究の成果を発表する場に恵まれなかった。２００６年になって、ようやく、国際基督教大学同窓会の広報部担当副会長であった望月厚志さんに企画書を見てもらい、『Alumni News』に2ページをいただけることになった。『Alumni News』は、タブロイド判のフルカラーで、写真を多用したキャンパス物語にはうってつけの発表の場だったと思う。連載を始めてみると、幸いにも大変好評で、多くの好意的な反応に大いに勇気づけられた。連載終了直後から、単行本への要望があったが、筆者が多忙な日常に流されるうちに、4年が過ぎてしまった。しかし近年、大学内でも、キャンパスや建物の歴史についての展示や研究が行われるようになったことや、建物の建替えが議論されるようになったことで、単行本として連載の内容がまとまって、広く参照できるようにする必要が生じたこともあり、単行本化を勧められることが増えた。また、その際、一般の人々にとっても興味深い内容なので、ぜひ一般向けに出版すべきだというご意見をいただいたことも、今回の出版につながった。

正直に言えば、自分自身、一般の方々にとっても面白いに違いないという期待と、やはり国際基督教大学の関係者でなければ面白いと思ってもらえないのではないかという不安が半々というところだ。どのような立場の方であれ、本書を面白いと思ってもらえたなら、本当に望外の喜びである。世の中や読者の方々にとって、この本がなんらかの形で役立つものであるよう、願ってやまない。

初出一覧

第1回「ＩＣＵキャンパスの空間謎解き」Alumni News, Oct. 2006, Vol.106

第2回「はじまりとしての泰山荘」Alumni News, Feb. 2007, Vol.107, pp.16–17

第3回「中島知久平の時代 1940〜1945」Alumni News, Oct. 2007, Vol.108, pp.16–17

第4回「ＩＣＵによる土地買収 1945〜1949」Alumni News, Mar. 2008, Vol.109, pp.12–13

第5回「困難を乗り越える 1948〜1951」Alumni News, Oct. 2008, Vol.110, pp.12–13

第6回「2人の建築家」Alumni News, Feb. 2009, Vol.111, pp.16–17

第7回「前期ヴォーリズ時代 1949〜1954」Alumni News, Oct. 2009, Vol.112, pp.18–19

第8回「後期ヴォーリズ時代 1954〜1958」Alumni News, Mar. 2010, Vol.113, pp.12–13

第9回「レーモンド時代 1958〜1962」Alumni News, Oct. 2010, Vol.114, pp.6–7

第10回「キャンパスの縮小、その他」Alumni News, Mar. 2011, Vol.115, pp.8–9

第11回「稲富時代⑴ 1963～1967」Alumni News, Sep. 2011, Vol.116, pp.12-13
第12回「稲富時代⑵ 1968～1978」Alumni News, Mar. 2012, Vol.117, pp.16-17
第13回「1978-1981」Alumni News, Nov. 2012, Vol.118, pp.10-11
第14回「ＩＣＵキャンパスの楽しみ、未来のキャンパス」Alumni News, Mar. 2013, Vol.119, pp.6-7

謝辞

本書は、多くの人々の協力があって完成させることができました。お忙しいなか丁寧にインタビューにご対応いただいた、片桐郁夫氏（元一粒社ヴォーリズ建築事務所東京事務所長）、佐藤良一氏（元一粒社ヴォーリズ建築事務所東京副所長）、稲冨昭氏（稲冨建築設計事務所、元一粒社ヴォーリズ建築事務所所員）、奈良信氏（元一粒社ヴォーリズ建築事務所所員）、西嶋泰親氏（レーモンド設計事務所元取締役）、渡邊博文氏（レーモンド設計事務所設計部長）、谷村留都氏（元稲冨建築設計事務所所員）、後藤伸一氏（元前川建築事務所所員）、橋本功氏（前川建築設計事務所代表取締役所長）、原礼子氏（湯浅八郎記念館館長代理・学芸員・国際基督教大学卒業生・ＩＤ76*）、堀啓二氏（株式会社K構造研究所取締役所長）、高橋恂氏（元国際基督教大学管財部長）、谷口汎邦氏（東京工業大学名誉教授）、メールでのインタビューにご協力いただいた竹中恭二氏（元富士重工社長）に感謝いたします。また、手紙や資料を快くお貸しいただいた一粒社ヴォーリズ建築事務所の方々、その資料を本当に丁寧に整理してくれた新井元君（卒業生・ＩＤ94）のお力添えにより、それまで知られていなかったヴォーリズと国際基督教大学の関わりの詳細を明らかにすることができました。さらに、泰山荘に関する素晴らしい研究書を書かれたヘンリー・スミス先生、戦時中のキャンパスについて研究され、ご助言いただいた高柳昌久先生、大変お忙しいなか、写真撮影のアテンドをしていただいた、広報センターやパブリックリレーションズ・オフィス、管財課、学生サービス部ハウジングオフィスのみなさま、写真や人物の照会などでお世話になった図書館歴史資料室の方々、その他、様々なご支援をいただいた国際基督教大学の方々に感謝いたします。特に僕の知る最高のライブラリアンである図書館の松山龍彦氏（卒業生・ＩＤ88）には、資料収集で何度も助けていただきました。木越純氏（元同窓会会長・卒業生・ＩＤ83）と新井亮一氏（国際基督教大学常務理事・卒業生・ＩＤ88）のお二人には、繰り返し励ましをいただき、忙しさにかまけて中断しがちであった単行本化を進めることができました。編集者の椎名寛子さんは、この複雑な本に粘り強く、情熱をもって取り組んでくださいました。また、連載時の読者である国際基督教大学の卒業生の方々に、様々な場面で話しかけていただき、お手紙やメールなどをいただいたことは、非常にはげみになりました。みなさま、本当にありがとうございました。

２０１８年８月28日

樺島榮一郎、

＊国際基督教大学では、卒業予定年を最初に２桁につけた６桁のＩＤナンバーが、各学生に割り振られる。通常の学校の第何期という言い方に変えて、その２桁の卒業予定年で自分が在学した時期を表すことが多い。

《参照文献》

※は２０１８年９月現在閲覧できないウェブページ

［合田：１９９７］天川晃ほか編　合田公計解説・訳『ＧＨＱ日本占領史第33巻農地改革』日本図書センター　１９９７年

［青木：１９９９］青木邦弘『中島戦闘機設計者の回想』光人社　１９９９年

［第二復員局：１９５２］第二復員局残務處理部『海軍の軍備並びに戦備の全貌　其の六（敗退に伴う戦備並びに特攻戦備）』１９５２年　http://dl.ndl.go.jp/info:ndljp/pid/8815696 Accessed on January 23, 2018

［Diffendorfer：1949］Diffendorfer, Ralph E. “Letter From Diffendorfer to W. M. Vories” August 8, 1949

［Diffendorfer：1950a］Diffendorfer, Ralph E. “Letter From Diffendorfer to Shafer, Troyer, Hackett” January 24, 1950

［Diffendorfer：1950b］Diffendorfer, Ralph E. “Letter From Diffendorfer to Shafer” April 20, 1950

［藤井：１９９９］藤井秀也・国際基督教大学広報センター「歴史探訪シリーズ　ＩＣＵ建設の頃」『ICU Gazette』父母号27号　国際基督教大学広報センター　１９９９年　24-29頁

［富士重工：１９８４］富士重工業株式会社社史編纂委員会編『富士重工業三十年史』富士重工業株式会社　１９８４年

［Friends of Mt. Hope Cemetery：2009］Friends of Mt. Hope Cemetery “Georgiana Farr Sibley” http://www.fomh.org/Data/Documents/GeorgianaFarrSibley.pdf Accessed on December 26, 2010

［後藤・橋本：２０１２］「後藤伸一氏（元前川建築事務所所員）・橋本功氏（前川建築設計事務所代表取締役所長）に対するインタビュー」日時：２０１２年７月３日火曜日11時10分～15時00分、場所：前川建築設計事務所

［Hackett：1950］Hackett, Harold W. “Letter From Harold W. Hackett to Vories” July 8, 1950

［Hackett：1951a］Hackett, Harold W. “Letter from Harold W. Hackett to W. M. Vories” February 1, 1951

［Hackett：1951b］Hackett, Harold. W. “Letter from Harold W. Hackett to W. M. Vories” November 7, 1951

［Hackett：1955］Hackett, Harold W. “DEDICATION OF THE I. C. U. BUILDINGS” May 26, 1955

［Hackett：1956］Hackett, Harold W. “Letter from Harold W. Hackett to W. M. Vories” October 2, 1956

［原：２００６］原礼子「泰山荘プロジェクト――学生がリードする文化財保全活動」『大学時報』３０６号　日本私立大学連盟　２００６年　48-53頁

［原：２０１２］「原礼子氏（湯浅八郎記念館館長代理・学芸員）に対するインタビュー」日時：２０１２年７月17日火曜日10時20分～10時50分、場所：湯浅八郎記念館

［羽鳥ａ］羽鳥直之『又男の記録』http://homepage2.nifty.com/hatori/matao/ Accessed on August 9, 2008　※

［羽鳥ｂ］羽鳥直之『ＩＣＵと羽鳥又男』http://homepage2.nifty.com/hatori/icu-matao.htm　Accessed on July 29, 2009　※

［ICU：1954］ICU “MEMORANDUM on Conference on August 18, 1954” August 18, 1954

［ICU：1957］INTERNATIONAL CHRISTIAN UNIVERSITY “INFORMATION ABOUT INTERNATIONAL CHRISTIAN UNIVWERSITY” July 1957

［ICU：1958］ICU “DIFFENDORFER MEMORIAL HALL” 1958

［ＩＣＵ：１９６０］『国際基督教大学図書館』（竣工時パンフレット）国際基督教大学　１９６０年

［ＩＣＵ：１９８５］国際基督教大学『三美荘由来記』三美荘内石碑

［ICU Alumni：2011］"Interview With Dr. David W. Vikner President of the Japan ICU Foundation" ALUMNI NEWS Vol.115, Mar.2011, ICU ALUMNI ASSOCIATION

［アイグルハート：１９９０］Ｃ・Ｗ・アイグルハート『国際基督教大学創立史——明日の大学へのヴィジョン（一九四五—六三年）』国際基督教大学　１９９０年

［一柳：１９７０］一柳米来留『失敗者の自叙伝』近江兄弟社・湖声社　１９７０年

［井出：２０１４］井出敦子「新校舎建設委員長ハロルド・ウォレス・ハケット氏　神戸女学院岡田山キャンパス造営におけるもう一人の恩人の記録」『学院史料』Vol.27『学院史料』編集委員会、神戸女学院史料室、２０１４年　28—37頁

［井出：２０１６］井出敦子「新校舎建設委員長ハロルド・ウォレス・ハケット氏　神戸女学院岡田山キャンパス造営におけるもう一人の恩人の記録（２）」『学院史料』Vol.29『学院史料』編集委員会、神戸女学院史料室、２０１６年　４—12頁

［Ihara：2018］Michio Ihara "Biography" http://www.michioihara.com/about/biography.html　Accessed on November 3, 2018

［碇：１９７９］碇義朗『さらば空中戦艦　富嶽』光人社　１９７９年

［稲冨：１９８８］稲冨昭「チマエテルネと建築」彰国社編『建築——私との出会いＩ』彰国社　１９８８年　22-28頁

［稲冨：２００８］「稲冨昭氏に対するインタビュー」日時：２００８年６月７日土曜日９時15分～11時30分、場所：稲冨設計事務所（千駄ヶ谷）

［稲冨：２００９］「稲冨昭氏に対するインタビュー」日時：２００９年12月７日月曜日10時30分～12時30分、場所：ＩＣＵキャンパス

［稲冨：２０１１ａ］「稲冨昭氏に対する電話インタビュー」日時：２０１１年７月６日水曜日11時40分～12時20分

［稲冨：２０１１ｂ］稲冨昭『稲冨昭作品集　目と手としての建築』彰国社　２０１１年

［稲冨：２０１１ｃ］稲冨昭「稲冨昭作品集出版記念会における講演」日時：２０１１年７月９日土曜日13時30分～14時30分、場所：ウェスレアン・ホーリネス教団淀橋教会

［稲冨：２０１１ｄ］「稲冨昭氏に対するインタビュー」日時：２０１１年12月26日月曜日17時10分～20時50分、場所：稲冨設計事務所、レストランアリスガーデン（千駄ヶ谷）

［石田：２００８］石田忠範「ヴォーリズ建築のこころとかたち」山形政昭監修『ヴォーリズ建築の１００年　恵みの居場所をつくる』創元社　２００８年　１２０—１２４頁

［石井：２０００］石井愛・石井久代・国際基督教大学広報センター「歴史探訪シリーズ　石井愛、久代御夫妻のお話から」『ICU Gazette』Vol.41 No.16　国際基督教大学広報センター　２０００年　11-14頁

［石川：１９８２］石川芳郎『来し方ゆく末』自費出版　１９８２年

［磯崎・藤森：２０１６］磯崎新・藤森照信『磯崎新と藤森照信のモダニズム建築談義』六耀社　２０１６年

［JICUF：1948］Japan International Christian University Foundation "MINTES OF THE BOARD OF THE JAPAN CHRISTIAN UNIVERSITY FOUNDATION December 15 1948"

［JICUF：1949］Japan International Christian University Foundation "PROCEEDINGS JAPAN CHRISTIAN UNIVERSITY FOUNDATION BOARD OF DIRECTORS July 26 1949"

［JICUF：1963］The Japan International Christian University Foundation "FOR IMMEDIATE RELEASE"

［樺島：２０１９］樺島榮一郎「ヴォーリズの手紙　ある名建築家のコミュニケーション」高澤紀恵・山﨑鯛介編『建築家ヴォーリズの「夢」戦後民主主義・大学・キャンパス』勉誠出版　２０１９年

［上坂：１９８６］上坂冬子「天皇を守ったアメリカ人」『中央公論』１９８６（昭和61）年5月特大号　中央公論社　２７８-２９０頁
［K構造研究所：１９７６］株式会社K構造研究所『習志野市視聴覚センター・習志野市教育研究所　岡山県国民年金保養センター〝しもつい〟』K構造研究所資料（建築雑誌の抜き刷りと思われるもの）１９７６年
［片桐・佐藤：１９９９］「片桐郁夫一粒社ヴォーリズ東京所長（当時）、佐藤良一東京副所長（当時）に対するインタビュー」日時：１９９９年4月22日金曜日16時00分～18時00分、場所：一粒社ヴォーリズ設計事務所東京事務所
［加藤：１９７７］加藤勇『佐久間一郎伝』佐久間一郎伝刊行会　１９７７年
［神奈川県立近代美術館：２００７］神奈川県立近代美術館・太田泰人・三本松倫代編『建築と暮らしの手作りモダン　アントニン&ノエミ・レーモンド』美術館連絡協議会　２００７年
［川口：２００７］川口茜『三鷹市大沢の自然と記憶：大沢での土地買収における人々の語り』国際基督教大学教授会提出学士論文　２００７年
［国土地理院：２０１７］国土地理院「地理院地図」２０１７年　http://maps.gsi.go.jp/　Accessed on April 22, 2017
［国土交通省：２０００］国土交通省『平成12年　建設白書』２０００年　http://www.mlit.go.jp/hakusyo/kensetu/h12_2/h12/html/C1Z01000.htm　Accessed on December 26, 2010
［国際基督教大学：１９６８］国際基督教大学『国際基督教大学理学本館』（竣工時のパンフレット）１９６８年
［国際基督教大学：１９８１］『国際基督教大学　総合学習センター』（献堂式用と思われるパンフレット）１９８１年
［国際基督教大学博物館：１９８４］国際基督教大学博物館湯浅八郎記念館『国際基督教大学博物館湯浅八郎記念館年報　No.1 1982-83』国際基督教大学博物館湯浅八郎記念館　１９８４年
［国際基督教大学同窓会：１９９２］国際基督教大学同窓会編『卒業生のICU40年』国際基督教大学　１９９２年
［国際基督教大学広報課ICU50年史編纂室編：１９９５］国際基督教大学広報課ICU50年史編纂室編『国際基督教大学史（資）料―Ⅵ　国際基督教大学建設委員会日記』国際基督教大学広報課ICU50年史編纂室　１９９５年
［神戸女学院記念帖委員会：１９８４］神戸女学院記念帖委員会『岡田山の五十年』神戸女学院　１９８４年
［Kresge Foundation：2018］The Kresge Foundation "Who We Are" https://www.kresge.org/who-we-are　Accessed on November 3, 2018
［熊倉：１９８０］熊倉功夫『近代茶道史の研究』日本放送出版協会　１９８０年
［熊倉：１９９７］熊倉功夫『近代数寄者の茶の湯』河原書店　１９９７年
［九州学院同窓会：２０１１］九州学院同窓会『略年表』http://www.kyu-gakudousoukai.jp/design/chronology.html　Accessed on June 26, 2011
［前川國男建築展実行委員会：２００６］生誕１００年・前川國男建築展実行委員会監修、松隈洋・稲田威郎・袖花文・谷哲夫・松沢寿重・市田穀編『建築家　前川國男の仕事』美術出版社　２００６年
［前間：１９９１］前間孝則『富嶽―米本土を爆撃せよ』講談社　１９９１年
［明治大学：２００７］明治大学校地内遺跡調査団『野川が写した三万年――旧石器時代のくらしを探る』三鷹市教育委員会・調布市教育委員会　２００７年
［MINUTE：1951］MINUTE on the death of Dr. Ralph E. Diffendorfer
［三沢：１９９８＝２００７］三沢浩『アントニン・レーモンドの建築』鹿島出版会　１９９８年（SD選書　２００７年）
［三沢：１９９９］三沢浩『A・レーモンドの住宅物語』建築資料研究社　１９９９年
［三鷹市遺跡調査会：１９９０］三鷹市遺跡調査会編『三鷹市域の遺跡　東京都三鷹市における遺跡詳細分布調査報告書――都市型分布調査の方法と

実践』三鷹市教育委員会　１９９０年

［内藤：１９７８］内藤徹男「カリフォルニア巡礼」『ＳＤ』１９７８年10月号（vol.169）鹿島研究所出版会　１９７８年　5-20頁

［中村：２００６］中村博男『松浦武四郎と江戸の百名山』平凡社　２００６年

［日外：１９８８］日外アソシエーツ株式会社編『ジャパン who was who：物故者事典〈１９８３～１９８７〉』日外アソシエーツ　１９８８年

［日銀：２００７］日本銀行『企業物価指数（ＣＧＰＩ）』http://www.boj.or.jp/type/stat/dlong/price/cgpi_2005/index.htm　Accessed on July 28, 2009

［西島・渡邊：２０１０］「西島氏（レーモンド設計事務所ＯＢ）、渡邊博文氏（レーモンド設計事務所設計部長）に対するインタビュー」日時：２０１０年８月３日火曜日14時00分～16時00分、場所：レーモンド設計事務所

［Ogawa：1954］Ogawa, Y. "Letter from Y. Ogawa to W. M. Vories" August 24, 1954

［奥村：１９８２］奥村直彦「W・M・ヴォーリズの思想構造――「近江ミッション」成立期を中心に」『キリスト教社会問題研究』第30号　同志社大学人文科学研究所　１９８２年　３２６-３５４頁

［奥村：１９８３］奥村直彦「W・M・ヴォーリズの経済思想――「近江ミッション」の産業的実験」『キリスト教社会問題研究』第31号　同志社大学人文科学研究所　１９８３年　１０９-１４０頁

［奥村：１９８９］奥村直彦「第二次大戦期のW・M・ヴォーリズ――日本帰化をめぐって」『キリスト教社会問題研究』第37号　同志社大学人文科学研究所　１９８９年　２５９-２８１頁

［奥村：２００５］奥村直彦『ヴォーリズ評伝　日本で隣人愛を実践したアメリカ人』港の人　２００５年

［レーモンド：１９３５］Ａ・レーモンドほか『アントニン・レイモンド作品集1920-1935』城南書院、１９３５年

［レーモンド：１９６７］Ａ・レーモンド『私と日本建築』鹿島出版会　１９６７年

［レーモンド：２００７］Ａ・レーモンド、三沢浩訳『自伝　アントニン・レーモンド〔新装版〕』鹿島出版会　２００７年

［Reid：1949］Reid, W. W. "Ralph Diffendorfer retires into new active service" Concern, Volume IV Number 26, August 26, 1949

［齋藤：２０１２］齋藤康彦『近代数寄者のネットワーク――茶の湯を愛した実業家たち』思文閣出版　２０１２年

［SCAP：1946a］『日本の航空機工場、工廠及び研究所の管理、統制、保守に関する訓令（SCAPIN629）』http://dl.ndl.go.jp/infondljp/pid/985699 Accessed on November 3, 2018

［SCAP：1946b］『連合国最高司令官による賠償目的の留置に供する工場設備及び記録の保守保存に対する帝国日本政府の責任（SCAPIN1219）』http://dl.ndl.go.jp/infondljp/pid/986336 Accessed on November 3, 2018

［Shafer：1950］Shafer L. J. "Letter From Shafer to Diffendorfer" January 25, 1950

［スミス：１９９３］ヘンリー・スミス『泰山荘　松浦武四郎の一畳敷の世界』国際基督教大学博物館湯浅八郎記念館　１９９３年

［清水：１９９５］清水靖夫編、貝塚爽平監修『明治前期・昭和前期東京都市地図』柏書房　１９９５年

［高橋：１９６０］高橋たね「新図書館とオコーナー氏」国際基督教大学学生会『THE ICU 59-60』国際基督教大学学生会　１９６０年　１０４-１０５頁

［高橋：２００３］高橋泰隆『中島知久平――軍人、飛行機王、大臣の三つの人生を生きた男』日本経済評論社　２００３年

［高橋：２０１２］「高橋恂氏（元国際基督教大学管財部長）に対する電話インタビュー」日時：２０１２年６月１日金曜日15時20分～16時25分

［高澤・山﨑：２０１９］高澤紀恵・山﨑鯛介編『建築家ヴォーリズの

「夢」戦後民主主義・大学・キャンパス』勉誠出版　２０１９年

［武田：２０００］武田清子『未来をきり拓く大学――国際基督教大学五十年の理念と軌跡』国際基督教大学出版局　２０００年

［竹中：１９９９］「竹中恭二氏による筆者の質問に対する返信メール（中島知久平の側近であった太田氏から聞いた話をまとめたもの）」１９９９年4月27日

［竹中：２００７ａ］竹中恭二「中島　キ87高高度戦闘機（試作原型）［日本陸軍］」http://www.ne.jp/asahi/airplane/museum/cl-pln10/2002cl/Ki87.html　Accessed on July 10, 2007

［竹中：２００７ｂ］竹中恭二「陸軍　中島キ-１１５「剣」特殊攻撃機」http://www.ne.jp/asahi/airplane/museum/nakajima/speck.html　Accessed on July, 10, 2007

［谷口：２０１２ａ］「谷口汎邦氏（東京工業大学名誉教授）に対するインタビュー」日時：２０１２年7月10日火曜日15時00分～18時10分、場所：谷口汎邦氏自宅

［谷口：２０１２ｂ］「谷口汎邦氏（東京工業大学名誉教授）に対する電話インタビュー」日時：２０１２年8月5日火曜日15時00分～15時30分

［谷口：２０１２ｃ］「谷口汎邦氏（東京工業大学名誉教授）に対するインタビュー」日時：２０１２年8月29日水曜日16時00分～18時00分、場所：谷口汎邦氏自宅

［谷村：２０１１］「谷村留都氏に対する電話インタビュー」日時：２０１１年12月2日金曜日13時05分～14時25分（谷村氏は１９７４年4月～78年4月に稲冨建築設計事務所に勤務した元所員）

［むさしの都立公園：２０１８］むさしの都立公園『武蔵野公園』２０１８年　http://musashinoparks.com/kouen/musasino/　Accessed on November 3, 2018

［十代田：１９９２］十代田朗・安島博幸・武井裕之「戦前の武蔵野における別荘の立地とその成立背景に関する研究」『造園雑誌』55(5)　１９９２年　３７３-３７８頁

［Troyer：1957］Troyer, Maurice E. "Letter from Maurice E. Troyer to W. M. Vories & Co." December 19, 1957

［都留：１９９３］国際基督教大学広報課ＩＣＵ50年史編纂室（編）『国際基督教史（資）料―Ⅲ　インタビューによるＩＣＵの歴史探訪・シリーズ（Ⅲ）「ＩＣＵと私」』国際基督教大学広報課ＩＣＵ50年史編纂室　１９９３年

［宇田川：１９８４］宇田川勝『日本財閥経営史　新興財閥』日本経済新聞社　１９８４年

［植松：２００１］植松巌「木立の中の二つの建物」国際基督教大学同窓会『Alumni News』Vol.96, April 26, 2001（植松氏は当時レーモンド設計事務所社長）

［牛田・高柳：２００５］牛田守彦・高柳昌久『戦争の記憶を武蔵野にたずねて――武蔵野地域の戦争遺跡ガイド』ぶんしん出版　２００５年

［牛田・高柳：２００６］牛田守彦・高柳昌久『戦争の記憶を武蔵野にたずねて――武蔵野地域の戦争遺跡ガイド　増補版』ぶんしん出版　２００６年

［ヴォーリズ・中村：１９３７］ヴォーリズ建築事務所・中村勝哉『ヴォーリズ建築事務所作品集』城南書院　１９３７年

［Vories：1949］Vories, W. M. "WHAT WE ARE PLANNING FOR THE ICU" September 24, 1949

［Vories：1950a］Vories, W. M. "Letter From W. M. Vories to Hackett" June 14, 1950

［Vories：1950b］Vories, W. M. "Letter From W. M. Vories to Maurice E. Troyer" July 8, 1950

［Vories：1950c］Vories, W. M. "Letter From W. M. Vories to Hacket" July 11, 1950

［Vories：1950d］Vories, W. M. "Letter From W. M. Vories to JICUF" December 9, 1950

［Vories：1951］Vories, W. M. “Letter From W. M. Vories to Hackett” April 18 1951
［Vories：1952］Vories, W. M. “To the christian People of the State of Iowa” April 29 1952
［Vories：1956］Vories, W. M. “Letter From W. M. Vories to Hackket” January 31 1956
［Vories & Co：1957］W. M. Vories & Company Architects. “MEMORANDAM to Dr. Hackett” May, 14, 1957
［ヴォーリズ：２００８］ウィリアム・メレル・ヴォーリズ著、一粒社ヴォーリズ建築事務所創業１００周年記念事業委員会編『アメリカ人教師の日本体験記』一粒社ヴォーリズ建築事務所　２００８年
［和田：１９３７］和田日出吉『日本コンツェルン全書（Ⅵ）日産コンツェルン讀本』春秋社　１９３７年
［渡部：１９９７］渡部一英『日本の飛行機王　中島知久平』光人社　１９９７年（『巨人中島知久平』鳳文書林　１９５５年の改訂版）
［Who's］The A. N. Marquis Company, “WHO'S WHO IN AMERICA Volume 30（1958-1959）” The A. N. Marquis Company
［Wikipedia：2010］Wikipedia “Ruth Isabel Seabury”　http://en.wikipedia.org/wiki/Ruth_Isabel_Seabury　Accessed on January 23, 2009
［山形：１９８８］山形政昭『ヴォーリズの住宅』住まいの図書館出版局　１９８８年
［山形：１９８９］山形政昭『ヴォーリズの建築　ミッション・ユートピアと都市の華』創元社　１９８９年
［山形：２００８ａ］山形政昭監修『ヴォーリズ建築の１００年　恵みの居場所をつくる』創元社　２００８年
［山形：２００８ｂ］山形政昭「理想を形に——ミッションスクールの建築」山形政昭監修『ヴォーリズ建築の１００年　恵みの居場所をつくる』創元社　102-107頁
［山本：１９５３］山本忠興博士傳記刊行会『山本忠興傳』山本忠興博士傳記刊行会　１９５３年
［吉田：１９７２］吉田武三『定本　松浦武四郎　上』三一書房　１９７２年
［湯浅：１９８０］湯浅八郎・蠟山政道・日高第四郎・森有正・大塚久雄『私の生きた二十世紀』日本基督教団出版局　１９８０年
［財団法人国際基督教学園：１９４９ａ］財団法人国際基督教学園『国際基督教大学建設通信　第１号』財団法人国際基督教学園　１９４９年
［財団法人国際基督教学園：１９４９ｂ］財団法人国際基督教学園『国際基督教大学建設通信　第２号』財団法人国際基督教学園　１９４９年
［財団法人国際基督教学園：１９４９ｃ］財団法人国際基督教学園『国際基督教大学建設通信　第３号』財団法人国際基督教学園　１９４９年

《年　表》

年	国際基督教大学関連の出来事	世界の主な出来事
１９３４（昭和９）	3月、日本産業（日産）専務取締役山田敬亮、三鷹大沢の土地購入を開始	8月、ヒトラーが総統となる
１９３８（昭和13）	12月、調布飛行場用地買収始まる	5月、国家総動員法施行
１９３９（昭和14）	4月、調布飛行場着工。5月、山田、泰山荘の完成を記念する茶会（席披き）を開催	5月、ノモンハン事件
１９４０（昭和15）	6月、山田は泰山荘を中島知久平に売却。その数か月後、三鷹研究所用地買収始まる	6月、ナチスドイツ、パリを占領
１９４１（昭和16）	4月30日、調布飛行場開場。12月8日、中島飛行機三鷹研究所起工式、真珠湾攻撃、太平洋戦争始まる	7月、日本軍、フランス領インドシナ南部進駐
１９４５（昭和20）	2月17日、艦載機が三鷹研究所に小型爆弾を投下、工員4人が死亡。9月、東京女子大学理事会で「キリスト教教育検討のための小委員会」設置を決定。10月、同委員会は北米教会連盟協議会と北米外国宣教協議会の使節団に接触、新しいキリスト教大学設立の要望を伝える	8月、終戦
１９４６（昭和21）	1月、米ヴァージニア州リッチモンドのマックリーン牧師、広島、長崎の再建募金の呼びかけ。その後、北米教会連盟協議会と北米外国宣教協議会と協議し、新大学設立に合流	1月、天皇の人間宣言、ＧＨＱによる公職追放
１９４７（昭和22）	2月、敷地探し開始。3月、アメリカで日本基督教大学設立合同委員会が設立される	5月、日本国憲法施行
１９４８（昭和23）	1月、国際基督教大学研究所正式開所。3月、アメリカ側委員会、三鷹の土地買収に同意。5月、アメリカで日本国際基督教大学財団設立。夏、北米側１０００万ドルの募金目標額設定。10月、一万田尚登日銀総裁を後援会長とし1億５０００万円の募金活動を開始。この頃、ヴォーリズ白内障手術のため帰米（68歳）。11月、マッカーサーが	12月、東京裁判の死刑囚7名に絞首刑執行

年	国際基督教大学関連の出来事	世界の主な出来事
	米側後援会名誉会長に就任。12月、ディッフェンドーファ米側財団の会長になる	
1949（昭和24）	5月、ディッフェンドーファと教育専門家トロイヤー来日、戦前設立のキリスト教大学を視察。6月、国際基督教大学計画の関係者が御殿場で会議、学長湯浅八郎、財務副学長ハケット、学務副学長トロイヤーを選出、第1回理事会開催。7月、第2回理事会でヴォーリズを主任建築家に指名。10月、ヴォーリズ土地利用総合計画を作成	10月、中華人民共和国成立、東ドイツ成立
1950（昭和25）	1月、湯浅八郎とヴォーリズ打合せのため訪米。春、ヴォーリズ、本館、理学館、体育館、泰山荘等の建築計画作成。6月、米募金活動の低調が明らかに。全敷地を富士重工より譲渡さる。7月、日本側の募金が1億5000万円を突破。開学を51年春から52年春に延期。12月、米財団が本館改造のため33万1000ドル送金	6月、朝鮮戦争勃発。8月、警察予備隊設立
1951（昭和26）	1月、ディッフェンドーファ死去。2月1日、本館改装工事起工。10月、ディッフェンドーファを記念する学生会館建設を決定	4月、主食の配給を廃止（日本）
1952（昭和27）	4月28日、日本独立を回復。4月29日、国際基督教大学献学。5月1日始業。この頃教員住宅3棟、学長宅、既存建物のアパートメント（東林荘）へ改装などの工事	5月、血のメーデー事件
1953（昭和28）	4月、正式開学。秋、礼拝堂・教員住宅着工	2月、NHKテレビ放送始まる
1954（昭和29）	4月、男子寮・女子寮、食堂、教員住宅1軒着工。5月9日、礼拝堂献堂式。11月、女性向け教職員アパート（メイプル・グローブ）、教員住宅5軒着工	3月、第五福竜丸事件
1955（昭和30）	5月25日、男子寮・女子寮、メイプル・グローブ、教員住宅、食堂の献堂式。 この頃本館内図書館の蔵書があふれ、図書館建設計画が持ち上がる	11月、自由民主党成立。この頃高度経済成長始まる
1956（昭和31）	第二男子寮、第二女子寮完成し使用開始。キャンパス敷地買収が完了	12月、日本が国際連合に加盟
1957（昭和32）	東京都のグリーン・ゾーン設置政策に基づき西武多摩川線以西の6万60	

	００坪を都に売却。6月、ディッフェンドーファ記念会館着工。夏、ヴォーリズ、軽井沢でクモ膜下出血に倒れる、当時77歳。シブレーハウス、第三女子寮、食堂両翼部（増築）完成	10月、ソ連人工衛星スプートニク1号打ち上げ
１９５８（昭和33）	3月9日、ディッフェンドーファ記念館献堂式。新しい主任建築家としてアントニン・レーモンドを招聘	11月、皇太子と正田美智子さんの婚約を発表
１９５９（昭和34）	6月22日、図書館着工。礼拝堂の改築開始。赤字補填のため中島飛行機の巨大格納庫をくず鉄として1万８０００ドルで売却。シーベリー・チャペル完成し使用開始	7月、熊本大学が水俣病の原因を有機水銀と発表
１９６０（昭和35）	本館前に芝生、梅が植えられる。8月図書館竣工。レーモンド設計の教員住宅2軒完成	6月、日米新安保条約が自然成立
１９６１（昭和36）	農場の先にある敷地を１００万ドルでAmerican School in Japanに売却。12月22日、日本ＹＷＣＡで働いていたEmma R. Kaufmanを中心にカナダの教会の援助でカナダハウス建設開始	1月、ジョン・Ｆ・ケネディ大統領に就任
１９６２（昭和37）	7月、カナダハウス（男子寮）完成	10月、キューバ危機
１９６３（昭和38）	ユニオンチャーチ（現ルーテル学院大学内）に土地１１００坪を譲渡。この年、稲冨昭が主任建築家に就任？	8月、人種差別撤廃を求めるワシントン大行進
１９６４（昭和39）	1月、ゴルフ場計画を発表。3月、ゴルフ場、第四女子寮着工。9月、第四女子寮完成。10月、ゴルフ場開場	10月、東京オリンピック
１９６５（昭和40）	4月、東京神学大学に５０００坪の土地を譲渡	2月、アメリカ、北ベトナム爆撃開始
１９６６（昭和41）	1月、理学館着工。4月、泰山荘母屋焼失。ルーテル神学大学（現ルーテル学院大学）に７０００坪、東八道路用地として東京都に８４００坪を譲渡。12月、理学館完成	6月、ビートルズ来日
１９６７（昭和42）	2月、学生運動のため授業停止となる	この年、グループ・サウンズが流行
１９６８（昭和43）		1月、北ベトナム、テト攻勢を行う
１９６９（昭和44）	6月、主要校舎がバリケード封鎖される。10月、キャンパスに機動隊導入	1月、東大安田講堂立てこもり事件
１９７０（昭和45）	10月、礼拝堂にパイプオルガンが設置される。野川改修に伴い東京都に５	3月、大阪万博開幕

年	国際基督教大学関連の出来事	世界の主な出来事
	２００坪を譲渡	
１９７１（昭和46）	3月、農場を正式に廃止。11月、体育館、プール、図書館西側増築部分着工	7月、環境庁発足
１９７２（昭和47）	9月、体育館、図書館増築部完成。正門北側の土地７１００坪を安田信託銀行グラウンドとして譲渡	2月、連合赤軍による浅間山荘事件。５月、沖縄返還
１９７３（昭和48）		10月、第四次中東戦争が勃発、石油ショック起こる
１９７４（昭和49）	5月、ゴルフ場部分の譲渡依頼状が東京都から届く。6月、ゴルフ場閉鎖を会員に通告	8月、ウォーターゲート事件でニクソン大統領辞任
１９７５（昭和50）	1月、ゴルフ場38万㎡のうち、12万３０００㎡を都に約１０５億円で譲渡。以後、１９８０年まで段階的に土地を譲渡	5月、ソニー、家庭用ビデオテープレコーダーを発売
１９７６（昭和51）	12月、教育研究棟着工	2月、ロッキード事件
１９７７（昭和52）	5月、本部棟起工式。春、東京神学大学の隣の土地１９００坪を中近東文化センターに譲渡	1月、ジミー・カーターが米大統領に就任
１９７８（昭和53）	5月、本部棟完成。10月、教育研究棟・本部棟落成式	4月、キャンディーズ解散
１９７９（昭和54）		12月、ソ連のアフガニスタン侵攻
１９８０（昭和55）	5月、総合学習センター着工。9月、メイプル・グローブをゲストハウスに改造。ゴルフ場部分の東京都への売却完了	12月、ジョン・レノン暗殺事件
１９８１（昭和56）	5月、湯浅八郎記念館着工、総合学習センター完成	4月、スペースシャトル、最初の打ち上げ
１９８２（昭和57）	6月、湯浅八郎記念館公開	10月、ソニー、世界初のＣＤプレイヤー発売

【は　行】

【ま・や・ら　行】

事項索引

人名索引

著者略歴

樺島榮一郎（かばしま・えいいちろう）

1970年静岡県生まれ。1993年国際基督教大学教養学部社会科学科卒業、1997年国際基督教大学大学院行政学研究科博士前期課程修了。2006年東京大学大学院人文社会系研究科社会文化研究専攻社会情報学専門分野博士課程単位取得満期退学。2015年より青山学院大学地球社会共生学部准教授。専門はメディア論。

ある土地の物語
中島知久平・ヴォーリズ・レーモンドが見た幻

2019年3月15日　初版第1刷発行

著　者　樺島榮一郎

発行者　木村　慎也

定価はカバーに表示　　印刷　新灯印刷／製本　新里製本所

発行所　株式会社　北樹出版

〒153-0061　東京都目黒区中目黒1-2-6
URL : http://www.hokuju.jp
電話(03)3715-1525(代表)　FAX(03)5720-1488

ISBN 978-4-7793-0590-0　（落丁・乱丁の場合はお取り替えします）